日●本で踊ろう！

DANCE EARTH JAPAN

DANCE EARTH-JAPAN

Words by Yoshihiro Usami / Photographs by Meisa Fujishiro

文：宇佐美吉啓（EXILE USA）
写真：藤代冥砂

DANCE EARTH - JAPAN

日出づる国、ニッポン。
南北に細長く伸びる島々の連なりと国土の3分の2が山地で形成され、海岸線も複雑に構成される。そんな特徴的な地形を持つこの国は、全国各地で四季折々に応じて豊かな表情を見せる自然に囲まれている。
日本人の心には八百万《やおよろず》の神、火や木・水・岩など、すべてのものに神が宿るという素晴らしい教えがあり、その自然と共存しながら暮らしてきた。

その神様の数だけ、踊りや祭りがある。
数えられるだけでも60万個近くの祭りがあるという。

今まで、世界を旅してきたけど、日本ほど踊りや祭りに溢れる国はないと思った。
これはきっと世界一に違いない！

ボクは地球という惑星の中の島国を踊る旅に出た。

僕らの国は踊る国!
ニッポンで踊ろう!!

日●本で踊ろう！

DANCE EARTH - JAPAN

Words by Yoshihiro Usami / Photographs by Meisa Fujishiro

CONTENTS

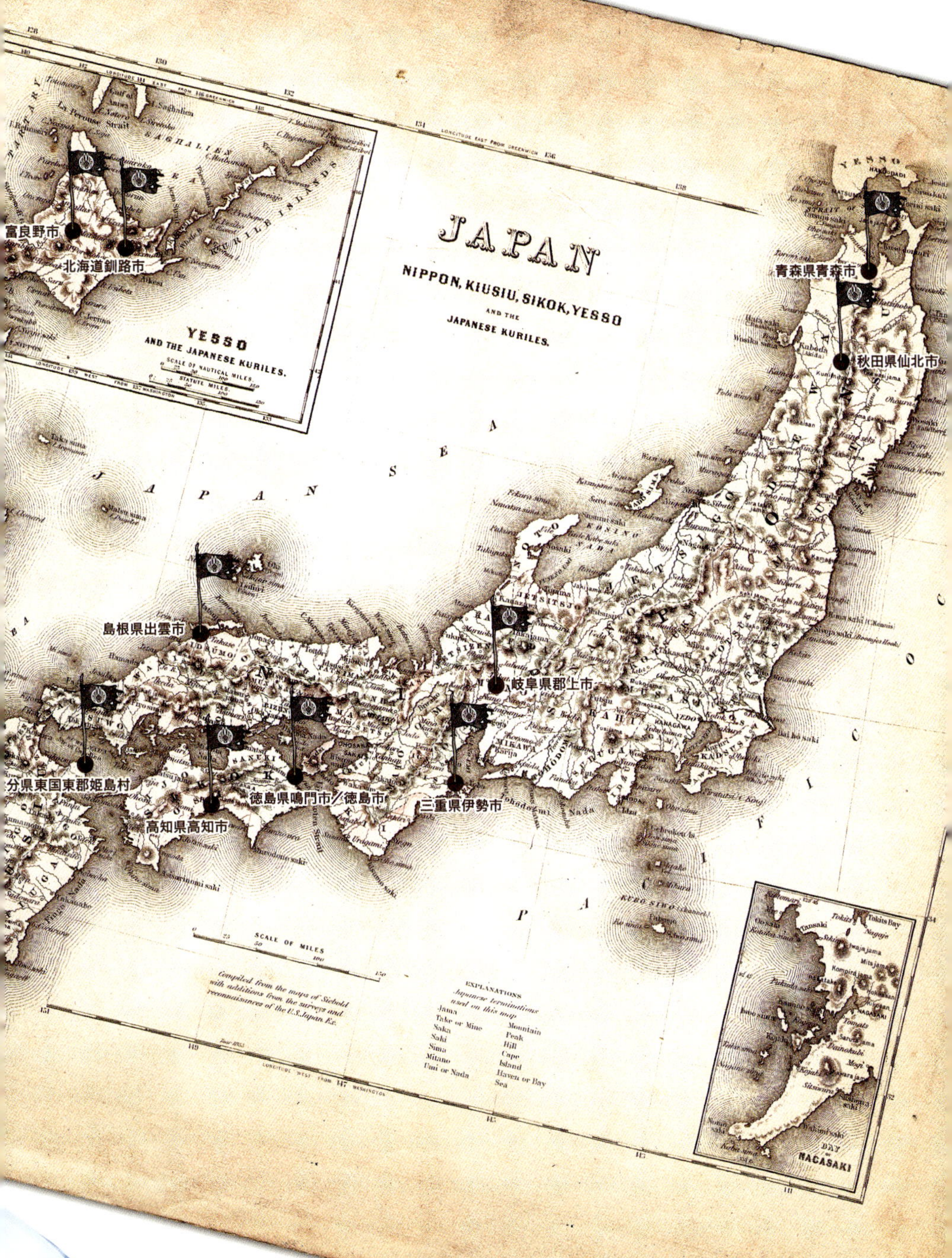
JAPAN
NIPPON, KIUSIU, SIKOK, YESSO
AND THE
JAPANESE KURILES.
YESSO
AND THE JAPANESE KURILES.
富良野市
北海道釧路市
青森県青森市
秋田県仙北市
島根県出雲市
岐阜県郡上市
分県東国東郡姫島村
徳島県鳴門市／徳島市
三重県伊勢市
高知県高知市
SCALE OF MILES
EXPLANATIONS
BAY
NAGASAKI

始まりの地、出雲

DANCE EARTH - JAPAN

IZUMO/MATSUE/ODA
SHIMANE

「日本を踊る旅の始まり」

1

THE BEGINNING OF DANCING TRIP AROUND JAPAN

TRIP DATA
2013.7.23-25
IZUMO/MATSUE/ODA
SHIMANE

「出雲大社 式年遷宮を訪ねる」
text by Shinichiro Okuda

古より日本に伝わる神話において「始まりの地」と称されている『出雲』。
EXILE USA自身の新たな旅『日本を踊る旅』は、ここから始まった。

以前からUSAと親交があった島根県出身の映画監督、錦織良成監督。彼は、地元である島根を舞台にした映画も撮影していて、出雲とそこに佇む大社の歴史的・文化的背景にとても詳しかった。
そんな彼の一言が、USAの心のスイッチを押した。
「日本中の神様たちが年に一度、縁結びの話し合いに一堂に会する場所、それが出雲です。ですから出雲地方だけはこの時期を神在月《かみありづき》といいます」
その話を聞いたUSAはハッとした。
「日本にはその土地土地に神様がいて、その神様に祈りを捧げるお祭りがある。それらの祭りを訪ねれば、日本人の心を知ることができるんじゃないか？」
日本の心を踊る旅『DANCE EARTH - JAPAN』は、こんな発想から始まった。
そしてUSAは、神々が集う地、出雲大社へ向かった。

2013年、出雲大社は60年に一度の式年遷宮という行事を迎える。
式年遷宮とは、社殿を建て替え、神霊を旧社殿から新社殿に遷《うつ》すこと。これは、神様の生命力を強めるための大切な儀式であるが、遷宮の年には新たな時代の幕開けが始まると言われている。

USAにとっての日本を舞台にした新たな旅のページがいよいよ開かれた！
神様たちが毎年集うその地で、USAはどんな出会いを見つけるのだろうか……

出雲

日本の神話で始まりの地として知られる出

オ レ の ニ ッ ポ ン を 踊 る 旅 の 始 ま り の 地 。

人と人の幸せを結ぶ、縁結び。
それはエンターテインメントの原点でもある。

人はみんな生きていく中で様々な肩書きや役割を持っている。
しかし、知らず知らずのうちに心に余計なものが付き、
本当の心の声が聞こえづらくなってしまう時がある。

でも神様の前では、所詮ヒトでしょ、みんな。

出雲大社参拝。
参拝の前のお清めの儀式。
人はここで一度初期化される。

ココロにリセットボタン！

くしみたま？　さきみたま？
漢字で『奇魂・幸魂』と書く。
これは、出雲大社の本殿前にある石碑に書いてある言葉。
石碑の解説には、印象的なフレーズがあった。

『生きとし生けるものすべてが幸福になる「縁」を結ぶ』

この言葉の意味は、「愛と真理（これが『くしみたま・さきみたま』のこと）を追い求めるココロは、いつかすべての人に幸せをもたらす」ということらしい……
男女の恋愛の話に限らず、人と人、広くは人と動物、動物と水など、この世にある森羅万象の縁を結んでいこうね、というのが出雲の神様が大事にしている心がけなんだと知った。

まさに「LOVE&PEACE」！
言葉は違えど、真理は変わらない。
自分がなぜダンスを踊ってきたか、そしていかに踊るべきかを振り返ることとなる言葉に出会い、これから始まる日本を踊る旅で様々な人に出会い、幸福の『縁』を増やしていこうと強く心に誓いを立てた。

オレは、もっと多くのものをダンスのチカラで結びたい。
ダンスは、まさに『縁』の下の力持ち！

信念を持て。
願いは叶う。

アナタの信念は何？　アナタの願いは何？
神社巡りをしていると、
常に自分自身の心の真ん中を問われている気がした。

安土桃山時代、誰も見たことのない斬新な踊りのスタイルを生み出した、
かぶき踊りの創始者、出雲阿国。
彼女の墓の前に立つと自然と、自分の中のスイッチが「カチッ」と音を立てた。

この時代のかぶいた踊りを、オレは踊りたいんだ！

石見で出会った町のエンターテインメント『石見神楽』。
その旅で得た仲間からの贈り物。
名付けて『幸せの神楽面』。

コイツと一緒にいつかは旅に出るぜ！
石見のヒーローの心意気を受け継ぐ
日本代表の『ひとりの踊る旅人』として。

初めてのダンス奉納。
音曲の神様が祀られた美保神社に立って、
ココロを研ぎ澄ましていくと、風が穏やかになり、そして止み、
セミの鳴き声しか聞こえなくなっていくのがわかった……

気持ちを落ち着けて、神様と向き合おうとしたら、
自然と自分が一体になっていた。

ダンスを踊るひとつの生命体！
音曲の神様ならきっとその想いを受け止めてくれるハズさ！

鰐淵寺《がくえんじ》という寺を訪れた。
ここは、あの弁慶も修行をした修行寺だ。

修行って聞くと、何だか大変そうだけど、
この寺の本殿へと続く長い階段を昇り切って、爽やかな風に
吹かれた時、
ふと、こんな気持ちになった。

楽しいことがあるから、苦しみを乗り越えられる。
苦しみがあるから、楽しさを強く感じられる。

人生は辛いことと楽しいことの連続さ！
だから、未来に楽しいことをガンガンセットして、
人生を踊るように乗りこなして生きていこう!!

「幸せの風をまとい、さぁ旅に出よう」

DANCE EARTH - JAPAN
01 IZUMO/MATSUE/ODA SHIMANE
2013.7.25-28

「出雲の旅を終えて」 text by Shinichiro Okuda

スタートから様々な出会いと発見に包まれた出雲の旅。
海外を回っていたところから、一転、日本を旅してみたいという衝動にかられたUSA。
世界を旅した時、日本人のUSAは「お前の宗教は何だ？」とよく聞かれ、それに口ごもってしまう自分がいた。
ボクらは信念もなく日々暮らしているのだろうか……
日本を知ることで自分のDNAに刻まれている日本のココロをより理解できるのではないか。
ココロの奥底から聞こえる内なる声が、日本で踊る旅への後押しをしていた。

そんな時に、錦織監督から、日本にはたくさんの神様がいることやその神様たちが年に一度、出雲に集まることを聞いた。
全国の神様が集まる場所で、踊る日本の旅のスタートを切りたい！
そんな想いが『八百万《やおよろず》の神』が集まる出雲の地へと足を運ばせた。

本人の言葉からもわかる通り、USAが出雲の地で体験したのは、自分自身のリセットとココロのスイッチオンではないだろうか。自分が何のためにこの旅を進めたいと思ったのか？　それをこの地での出会いと発見から、アタマの中で改めて理解したように思えた。

「愛や恋だけではない様々な事象の『縁』を繋いでいく素晴らしさ」
「出雲阿国という稀代のトリックスターの墓を訪ね、踊りで未来を変えようとした先人の想い」
「現代を生きるひとりのダンサーとして、進化したい想い」
この地を経て、USAはダンサーとして日本人として、日本を旅する決意を固めたように見えたのであった。

北海へそ祭り

DANCE EARTH - JAPAN

FURANO HOKKAIDO

「夏の踊り初めの旅」

2

THE BEGINNING OF SUMMER DANCE

TRIP DATA
2013.7.28-29
FURANO HOKKAIDO

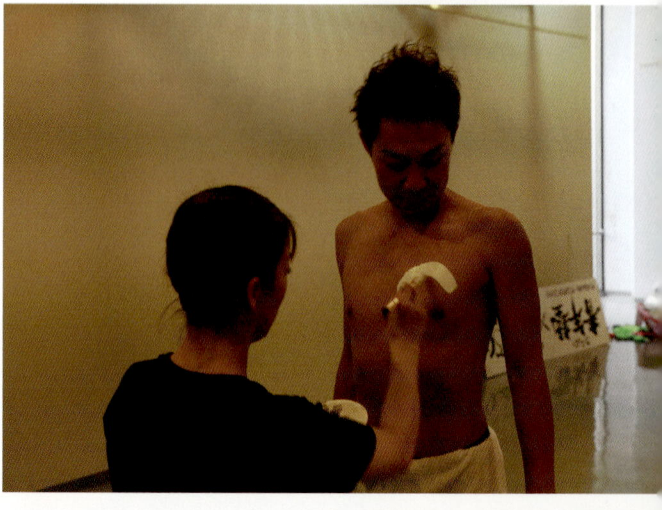

「北海へそ祭り　北海道の中心でへそを踊らせる！」

text by Shinichiro Okuda

北海道の中心でへそ踊りを踊る『北海へそ祭り』。
北海道の中心標に位置する富良野市。この町で2,000人弱の人たちが、お腹を出して2日間にわたって踊るお祭りである。
かつて未開の地であったこの土地を切り開いた人たちへのリスペクトも込めて、人間の身体の中心にあたるヘソに『図腹』と呼ばれる顔の絵を描き、その顔をいかにオモシロおかしく見せられるかを競い合うものだ。
コミカルな踊りが、見るものすべてを幸せな気持ちにしてくれるこの祭りをUSAは大好きなテレビドラマ『北の国から』で初めて目にし、強烈なインパクトを受け、ずっと忘れられないでいた。

今回USAは、この町の若者で構成される、「若者の力で富良野を元気にしよう」という意思のもと活動する『ふらの青年塾』の一員となって、へそ踊りに参加したのだった。

ここが北海道のド真ん中！

祭り

-MATSURI

祭り＝matsuri

それは
人と人の間（＝ma）
をつ（＝tsu）なぐ
理（ことわり＝ri）のこと

「今日はあなたも汚れものになって、みんなを笑わせてください」

いつもキレイなカッコばかりしてちゃ、つまらないでしょ。
人生、笑われてなんぼ！（笑）

みんなにおべっかを使われる童話の裸の王様より、
みんなにバカにされ続ける現代の裸の王様の方が、
何万倍もステキに思えた。

僕らは、地球上で唯一　笑うことができる　人間という生命体。

子どもから大人まで、おじいさん・おばあさんも、
みんな同じように楽しく踊っていた。

ふとってる人、やせてる人、キンニクマン……
みんな違う個性で踊っていた。

みんな同じで、みんな違う。
だからおもしろいんだ。

世界で何が起こっても
腹の笑顔で踊り続けてやろうと思う。

それは
降伏のあきらめでも、
無邪気な抵抗でもない。

オレは踊りでみんなが笑顔になると
本気で信じているだけなんだ。

大好きだったドラマ『北の国から』。

何度も何度も観たこのドラマには、ヘソを揺らす奇妙な踊りが出てくるんだ。
その祭りがずっと気になっていて、やっと富良野まで辿り着くことができた。

初めて見た富良野の夏祭りの景色は、これからもずっと忘れられないと思う。
夕暮れに沈む北海道のゆるやかな夕陽。
その夕陽を見送るように、祭りの灯りが姿を見せ始める。
へそ祭りの写真を見ただけで、今でもちょっとキュンとなる……。

富良野にはもうひとつ、写真を見ただけで、その景色が今ここにあるように思える場所がある。

富良野のラベンダー畑。

一面紫色の景色を見ると、富良野の大地を思い出す。
ラベンダーの花の、気分を柔らかくほぐしてくれるようなあの匂い。
オレのダンスも、いつか写真1枚でヒトのココロを踊らすようなクオリティになったら、ホンモノかもしれないな……。

オレが参加したへそ祭りのチームは、『ふらの青年塾』というチーム。
北海へそ祭りへの参加は2回目だという。
このチームは、「青年の力で富良野を元気にしよう」というコンセプトで結成される青年団体だ。しかし、昨年青年塾は、へそ祭りであまり芳しい成績を残せていないということだった。

「今回、オレが参加するからには、いい成績を残したい」という想いもあったし、チームのみんなも「USAが来るのに、恥ずかしい踊りは見せられない！」という気持ちもあったようだ。
こうして、「今年は絶対に賞を狙おうぜ！」とココロはひとつになっていった。

練習はもちろん、衣装や図腹（お腹に描かれる顔の画）、当日の演技ポイントのチェックに至るまで、とにかく熱を帯びていた！

終わってみれば、ふらの青年塾は『西脇市長賞』というチーム賞を初受賞したんだ！
副賞は和牛2キロ分!!
今日だけ参加のオレは、和牛にはありつけなかったけど（笑）

ココロがひとつになれば、
どんなことだって、自分たちの思う方向に動いていく。

DANCE EARTH - JAPAN
02 FURANO HOKKAIDO
2013.7.28-29

「富良野の旅を終えて」 text by Shinichiro Okuda

夏の踊り初めとなった北海へそ祭り。
無料の動画サイトなどを見て事前に予習する以外は、当日初めて一緒に踊る仲間たちと踊りを合わせることが多かった今回の祭り企画。このへそ祭りも当日ステップのレクチャーを受けて30分後には、もう一端の踊り手として祭りの舞台に上がっていたUSA。

日本の祭りの旅では顔バレが気になるEXILE USAも、この祭りでは、自分の顔は一切見せることができないため、顔バレなんて気にする必要もない!
USAは、今年初めての夏祭りからフルスロットルで楽しんだ。
この祭りに入って、USAが最も印象的に感じ取ったのは、「祭りの醍醐味は、踊り手の誰もが観客にとってのエンターテインメントの対象なんだ」ということだった。
普段は、太っているだけのオジさんが、この日ばかりは町のみんなに大笑いされる対象となる。その様子は、まさに祭りの象徴的な光景だなとUSAは感じたようだ。
観ている人も踊っている人も共に楽しみ、そして元気になる。
USAは、富良野の土地で、早くも、それを感じていた。
祭りは日本の各地で繰り広げられる日本ならではの幸せな時間なんだと。
今年の夏は、この時間が何度も体験できる……
USAのココロは、未来に向けて早くもオドりまくっていた!

DANCE EARTH - JAPAN

AOMORI

「日本最大級のカーニバルの旅」

3

青森ねぶた祭

THE LARGEST CARNIVAL IN JAPAN

TRIP DATA
2013.8.4-5
AOMORI

DANCE EARTH - JAPAN 03

「青森ねぶた祭　7万人がとにかく跳ねる!」

text by Shinichiro Okuda

七夕祭りの川に灯籠《とうろう》を流す灯籠流しがルーツと言われる『ねぶた祭』。
特徴的なのは、何と言っても紙と針金で精巧に作られた張り子の造形物で、内部に蛍光灯(近年はLED化)などが仕込まれて、幻想的な光を放つ『ねぶた』だ。

数十の参加団体のねぶたが市内の幹線道路を周回する様子を、会期中300万人近くの人々が観に来る、まさに日本最大級のカーニバルだ。

USAは昔から青森出身の旧知のスタイリストに『ねぶたが日本一の祭り』だと聞いていた。
そんなこともあってブラジルのカーニバルを体験したUSAは、日本最大級のカーニバルへの参加をずっと夢見ていた。

今回USAは、青森ねぶた祭、皆勤賞(68年間連続出陣)という由緒正しき団体『に組』の一員として、祭りを盛り上げる『跳人《はねと》』となって、この祭りへ参加した。

ラッセーラー
ラッセーラー

ラッセ
ラッセ
ラッセーラー

パンクのパーティーとかであった
ジャンプしてぶつかり合うみたいな、
あーいう状態が起こっていた。

あり余ったエネルギーは
祭りで解き放て !!

アフリカのマサイと踊った時も思ったけど、
人間が一番シンプルにテンションが上がる動きは、
間違いなくジャンプだね！

日本の祭りパワー

ブラジルのカーニバルにも
全然負けてないぜ！

「ねぶた」の語源は、「寝むい」から来ているらしい……

睡魔を追い払う行事が、ここまで派手に発達したのは、
「時代と共に大切なモノが眠ってしまわないように」
という想いが込められているような気がした。

さぁ、眠っている場合じゃない！
瞳の中で眠りかけた大切なモノたちと共に、飛び跳ねろ！

オレたちは眠らない魂を持った
「跳人だ！」

手にすると幸運が訪れるという『ねぶた鈴』。
おじちゃんが投げる鈴は、
カリスマロックアーティストによって投げられたピックのような争奪戦になる。
祭りの1日だけは、おじちゃんだって立派なアーティスト。

祭りはみんなをヒーローに仕立ててくれる。

鬼児島弥太郎
釣鐘奪還
北村隆作
に組
八州陸運

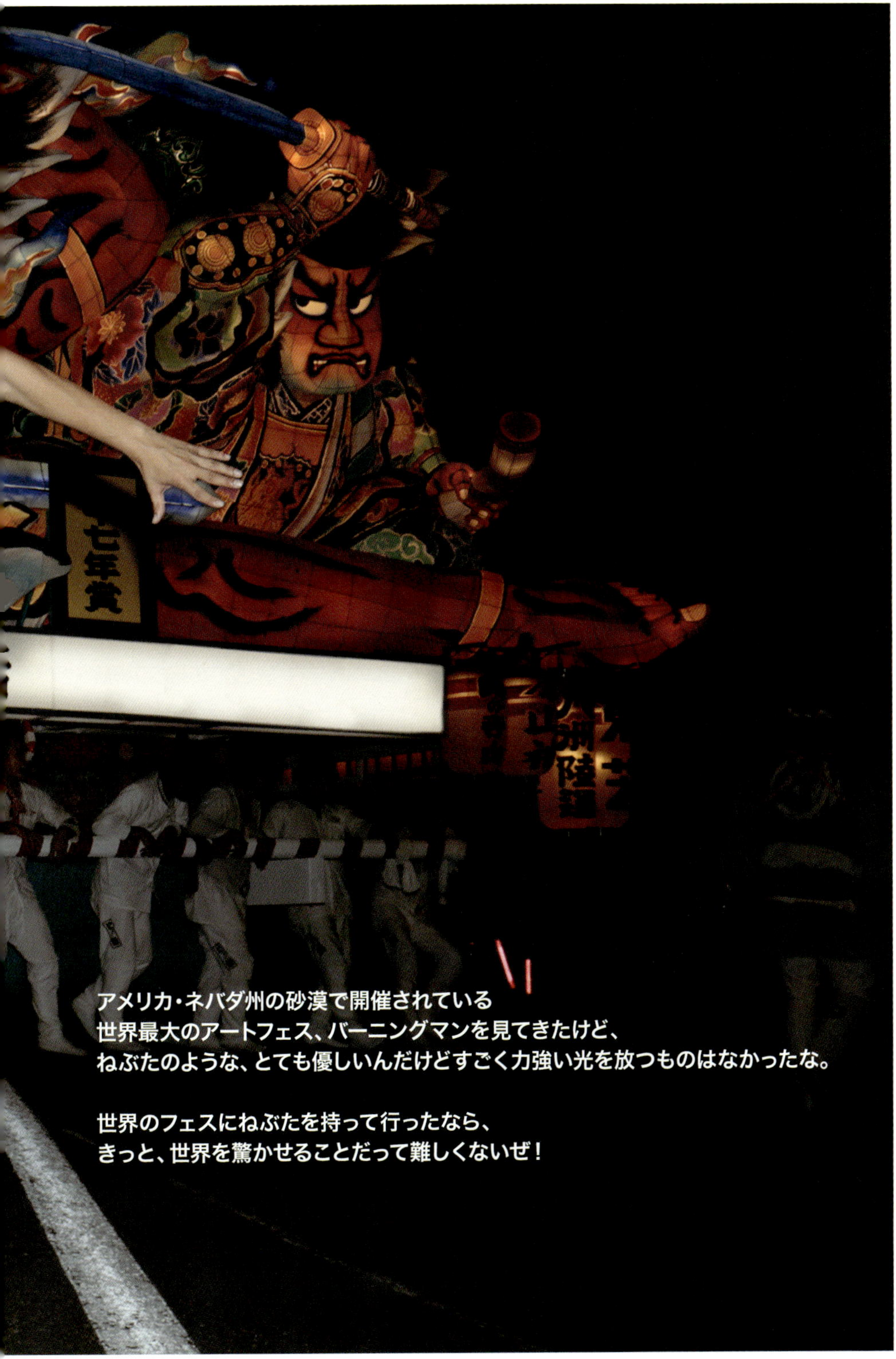

アメリカ・ネバダ州の砂漠で開催されている
世界最大のアートフェス、バーニングマンを見てきたけど、
ねぶたのような、とても優しいんだけどすごく力強い光を放つものはなかったな。

世界のフェスにねぶたを持って行ったなら、
きっと、世界を驚かせることだって難しくないぜ！

青森に来る数日前、オレたちはある映画を観に行っていた。

『奇跡のリンゴ』
青森でリンゴ農家を営んでいる木村秋則さんが、一般的には不可能と言われる無農薬のリンゴ栽培に成功するまでを追った感動のストーリー。

この映画を観て、青森に行く時には木村さんの畑を一目見てみたいと思っていた。
木村さんのリンゴを冷製スープで食べさせてくれる店が市内にあるという話を聞き、まずは、そのレストランを訪問することにした。
レストランでは、木村さんと親友だというシェフが、このスープが誕生するまでの秘話を教えてくれた。深い味わいにも関わらず、実は非常にシンプルなレシピで作られている。
そしてその味に辿り着くまでの監修も木村さんがしたらしい！

スープの味に感動していると、ふとシェフがうれしい提案をしてくれた。
「木村さんの畑、見に行きます？」
祭りの前の限られた時間ではあったが、オレは夕暮れの畑へと急行した。
畑を眺めるシェフとオレ。
昔、EXILEがまだ売れていなかった頃、観客がゼロの状態のステージで踊っていたことを思い出した。観客はステージスタッフだけ。その上、ステージスタッフにも小馬鹿にするような対応をされた記憶が残っている……。

オレは、不可能と言われていた無農薬のリンゴが、初めて実をつけたというリンゴの木に手をあてて、ココロの中でつぶやいた。

「諦めちゃいけないんだ」

自分の中で何かを再確認して、そして、またこれから続く日本の祭りの旅を通じて、新たな感動を作ろう！　と、アツい想いが込み上げてきた。

「青森の旅を終えて」 text by Shinichiro Okuda

この日本を踊る旅に行く前から、USAはよくこんなことを言っていた。
「今年訪れる祭りで一番アツい祭りってどこだろう?」
男の子は、やはり一番ってコトバの響きに憧れるものだ。
そんな中で、青森のねぶたは、有力候補のひとつだとUSAは思っていたようだ。

ねぶたは、跳人という比較的参加が容易な形態で一般の人も加わることができる祭りとあって、踊り手と観客の距離感が非常に近い祭りなんだと感じた。さっきまでは隣の席で働いていたあの人も、「今だけは最高潮に弾けようぜ! 盛り上げようぜ!」と飛び込んでいき、一心不乱に踊りまくる。街全体が弾けたムードに包まれていて、とにかく気持ちがいい。

ブラジルではサルヴァドールのカーニバルを体感したUSAをして、「ねぶたが世界に出たら、世界のみんながブッ飛ぶっしょ!」と言わしめた祭り。ねぶたの妖艶な光とそこで狂喜乱舞する人のアツさを包含しながら、約2時間の時が過ぎていく。
日常に現れた別世界が、人々の感覚さえもおかしくしていく……。

かつてタンザニアで子どもたちと仲良くなるためにUSAが踊ったダンスも、結局はジャンプすることだった。
誰でも踊れる最も単純なダンスは、突き詰めると『跳ねる』ってことになるのかも知れない。
ねぶた祭りがアツいのは、祭りができた頃から、誇りを持ってこの祭りを守り続ける数多くのねぶたを愛する人たちの存在があるからに他ならないが、忘れちゃならないのは、祭りの間中、ずーっと跳ねている跳人の存在だ。世界一シンプルなダンスを踊る祭りだからこそ、ここまで強く、深く、長く日本に根付いたとUSAは思ったようだ。

ところで、この祭りでは、筆者もUSAの警備役として跳人に参加していたのだが、踊りが終わって、ふたりで街を歩いていると、観光客の若い女の子に「写真を撮らせて欲しい」と声をかけられた。
花笠で顔は見えにくい状態ではあったが、やはり有名人。わかる人にはわかるもの……と思って、USAの横から僕が離れようとすると、その女の子が僕もフレームに収まるようにと、こっちこっちと手招きをする。え? オレも!? どうやら跳人として一人前に見えたUSAと僕を、「EXILEのUSAだから」ではなく、純粋にねぶた祭の思い出として彼女は写真に収めたかったようだ。
家に帰って、現像してみたら、自分と映っているのがUSAだってことに後々気づいたりするのだろうか……。
そんなことを思いながら、祭りの夜は更けていったのであった

DANCE EARTH - JAPAN

KOCHI

「暑い夏の祭りの旅」

4

よさこい祭

THE HOTTEST SUMMER FESTIVAL IN JAPAN

TRIP DATA
2013.8.10-11
KOCHI

「よさこい祭り　互いを認め合って踊る！」

text by Shinichiro Okuda

開催中の4日間に延べ100万人もの人々を集める高知のよさこい祭り。元々は、戦後の地域活性化のために約60年前の昭和29年に産声を上げた。これが今現在、全国に拡がりを見せ続けるよさこい祭りの始まりであり、この土佐の地からよさこいの歴史は始まったことになる。
踊りは、高知市内の道路を封鎖し設けられた10数ヶ所の演舞場を、200以上の団体が代わる代わる演舞していく。
それぞれの団体は地方車《じかたしゃ》と呼ばれる音響付きの装飾トラックと最大150人までの踊り手で構成され、色とりどりの衣装を身にまとい、手に持った『鳴子《なるこ》』と呼ばれる音具を鳴らしながら曲に合わせて前進するという、至ってシンプルな形式で町を練り歩く。そして参加した2013年、よさこい祭りは60回記念の祭りの年でもあった。

USAが参加を決めたのは、毎年この祭りに参加している知り合いから、カーニバル感いっぱいの祭りの映像を見せられた時、この人の渦の中でココロを踊らせたいと思ったから。

参加したのは、地元の小中学生を集めた『上町《かみまち》よさこい鳴子連』というチーム。過去によさこいの賞を受賞したことはあるものの、グランプリにあたる大賞を射止めたことはまだない。
そんなチームの盛り上げに一役買えれば、とUSAはこのチームに入ってよさこい祭りに参加することを決意した。

国内気温最高記録更新!!
『41.0度』
気合い入れて、いくぜよ!

暑さに負けず満点の笑顔で語る子どもの一言

「ココロの中まで炎天下！」

だるま

bonamona

よさこい踊りのフレーズが入っていれば、
サンバ、ロック、ヒップホップ、
演歌、フラダンス……
曲調も振付けも、創作自由！

もし自分のチームをエントリーするなら、
どんなアレンジにする!?
ワクワク ワクワク♪

人生を楽しむこと。
大好きなことをやり続けること。

これはオレたち大人が
子どもたちに見せることができる
最良の教育だ！

戦後の景気復興策としてスタートしたよさこい祭り。
どんなにツラいことがあっても、
諦めちゃいけない。

そう！
よさこいの踊りは、どんなことにも負けず、
前に進む踊りなんだ！

金メダルより花メダル！

誰かのために踊る。
それは、自分のためだけに踊るだけじゃ辿り着けない
素晴らしい踊りになる。

オレの踊りには、愛する人たちが住んでいる。
アナタの踊りには、誰が住んでいますか?

今回参加した『上町よさこい鳴子連』は、地元の小中学生チームとしては、歴史と伝統を持ったチーム。150人の踊り手は、小さな男の子ひとりを除いて、すべて女の子で構成されている。
実はオレは、よさこいの本番前にお忍びで上町の練習にも参加させてもらった。
よさこいは団体の踊りが乱れることなく、キレイに統一感が保たれていることも大切な要素のひとつ。自分も応援という立場ではあるが、振付けを少しでもマスターして、士気を上げることに貢献したいと思っていた。

チームの練習は、高知市内にある小学校の体育館で行なわれていた。
7月下旬ということもあり、練習も本番に向けてペースアップしていく佳境の段階。
体育館に入って行くと、踊りを教える先生の厳しい声が聞こえてくる。
オレも練習をしている子どもたちの隊列に加わり、振付けを練習してみた。時折、先生からの厳しい指導をもらったりしながら、いつの間にか練習に没頭していたオレ。
最後は、本番に向けてエールも送らせてもらった。
「本番は、みんなで元気に踊りましょう！」
元気な姿でみんなと再会できることを誓って、お別れをした。

それから約2週間後、本番日を迎え、子どもたちと再会。
練習には参加できなかったEXILE TETSUYAも今日は一緒だ。オレとTETSUYAにそれぞれ用意された今年のチーム衣装は、すべてオリジナルでサイズを用意してくれていた。
この時点でオレたちはかなりアガっていた！

本番まで時間もないので、ソッコーで衣装に着替えて、会場で待つ子どもたちのもとへ向かった。子どもたちに会って最初に思ったのは、目がピカピカしているということ。やる気に溢れた表情をしていた。今日は何だかみんなやれそうな雰囲気だ！

踊りが始まると、ここまでの練習の成果を存分に発揮する子どもたち。
この日は、高知県で観測史上日本最高気温を記録するほどの暑さ！
それでも、子どもたちは、各演舞場で乱れることなく、自分たちのよさこいを踊り切った。素晴らしい！

祭りの最後に、オレはみんなに挨拶させてもらった。
「楽しもう！　一生懸命踊ろう！　という気持ちがすごく伝わってきて感動しました！」
一生懸命踊って、この瞬間を楽しもうとする子どもたちの姿勢に強くココロを打たれ、自分自身もパワーをもらった。

2日後にチームの責任者から届いた今年の受賞結果は……
地区競演場連合会奨励賞（通称：地区奨励賞）！
今年も大賞には手が届かなかったけど、子どもたちひとりひとりのココロに、好きなことを一生懸命頑張ることの楽しさや大切さを残せたとしたら、来年はきっと大賞が取れるだろう。
そんなことを思いながら、オレは次の祭りの地へと急いだ。

動車
輪を除く)
氷

あたごまち

輝 き は い つ も 、一 生 懸 命 の 中 に あ る 。

DANCE EARTH - JAPAN
04 KOCHI
2013.8.10-11

「肩書　踊る旅人」

text by Shinichiro Okuda

今年の祭りの旅中、USAは、自分の自己紹介用にと名刺を作成していた。
海外の旅とは違い、日本の旅なら名刺がなくても誰しもEXILE USAだとわかるだろうと考えているボクらからすると、少し新鮮な考え方に思えた。「なぜ名刺を？」と本人に尋ねてみると、こう答えた。
「せっかく全国を回るんだから、絶対に出会えないようなおばあちゃんとかにも憶えておいてもらいたいでしょ！」
確かに今回回る地域は、場所によってはEXILEの全国ツアーなんかでも回り切れないような小さな村だってあったりする。そういう意味では、こういった機会を無駄にしないための方法論として名刺はアリだな、と思ったのだった。

名刺を作る時、USAと肩書をどうしようという話になった。
ボクはてっきりEXILEパフォーマーとか入れるのかと思いきや、USAの口から出たのは『踊る旅人』！　そして名前も『USA』ではなく、あえて『宇佐美吉啓』と本名を入れたいと言う。
なるほど。自身のライフワークとして、世界中の人たちと踊りを通じてココロを踊らせたい、地球上のリズムとビートを乗りこなしたい、というUSAには、踊る旅人という肩書はしっくりくる。
こうして作られた名刺は写真の通り。裏にはウサギをモチーフにした家紋のようなロゴも入って、和風な仕上がりに落ち着いた。

高知で、上町のチームの子どもたちにこの名刺を配る機会があった。
子どもたちは口々に、「踊る旅人〜!?」という疑問と驚きの声を上げていた。EXILEのUSAとして認識している子どもたちにとって、踊る旅人という肩書は新鮮だったようだ。

USAは、このライフワークをすごく大切に思っている。
この祭りの旅を続けていけば、いつか『踊る旅人・宇佐美吉啓』として多くの人に知られる存在になっているだろう。
踊る旅人は、今日もどこかの町のお祭りに人知れず参加しているかも知れない……

DANCE EARTH - JAPAN
04 **KOCHI**
2013.8.10-11

「 高 知 の 旅 を 終 え て 」

text by Shinichiro Okuda

『日本で踊る旅』の本番となる2013年のお盆期間。
最初を飾るのは、2013年で60回目を迎えることになった高知・よさこい祭り！
USAがよさこいに参加したこの日は、奇しくも日本の観測史上最高気温を超える暑さを記録するほど、文字通り「日本一アツい」お祭りとなった。

昭和29年の第1回大会では、750人の踊り手の参加に過ぎなかったこのお祭りも、今では約2万人の踊り手と100万人以上の観光客が訪れる日本有数のお祭りに発展を遂げている。
ここまで急速に発展を遂げたお祭りは、全国的に見ても珍しい事例。
よさこい祭りが、これほどまでに人を熱狂させている理由は、いくつかある。
「踊りが鳴子を鳴らして前進するだけ」だったり、「リズムやテンポが自由」だったり、「衣装や髪型だって様々」だったり……どんな人でも参加できるSimple&Freeなスタイルが魅力なんだと思う。日本に古くからある伝統的なお祭りに比べて、歴史が浅い分、許容されるチャレンジ範囲が広く、様々な人を受け入れる懐の深さがあるのだ。

祭りの後の子どもたちと話していた時に、「ココロの中まで炎天下！」と言っていたのが印象的だったが、よさこい熱は若い世代のココロにアツい炎を灯し続けている。
大人たちが楽しみながら作った祭りのフォーマットを若い世代が受け入れ、それにアレンジを加え、より多くの人たちが参加しやすい形になっている。結果として毎年新鮮な面白味がよさこいに加えられ、観客も毎年それが楽しみのひとつになっている。

地域の子どもたちは、仲間たちと一緒になって一生懸命ひとつの作品を作り上げ、思い思いの表現で評価を受けられるから楽しい！ と感じているようだ。何だか、南国文化だから生まれたとも言える『お互いを認め合う幸福スパイラル』のように思えてきた。

USAも言う。
「いずれは、チームダンスアースでよさこいに参戦！」
よさこいは、いろんな人の夢を乗せて、これからもさらに進化する。

DANCE EARTH - JAPAN

NARUTO TOKUSHIMA

「日本一早い阿波おどりの旅」

5

鳴門阿波おどり

THE EARLIEST AWA ODORI IN JAPAN

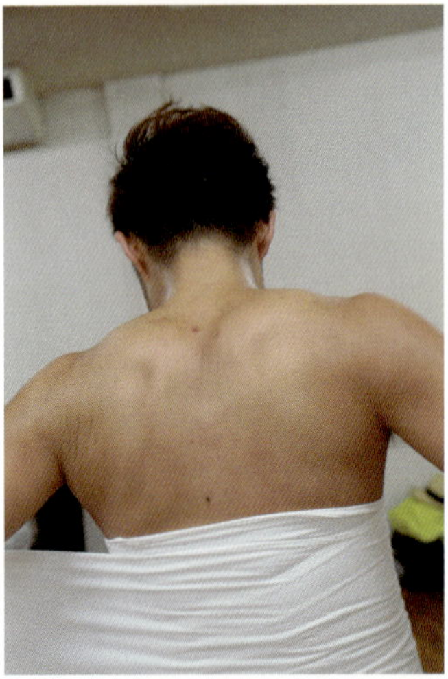

TRIP DATA
2013.8.11-12
NARUTO TOKUSHIMA

「鳴門 阿波おどり 阿波おどりの踊り初め!」

text by Shinichiro Okuda

阿波おどりの口火を切る『鳴門 阿波おどり』。
徳島県では、鳴門市の阿波おどりを皮切りに、県内のあちこちで阿波おどりの祭りが開かれる。
鳴門の阿波おどりは、83の連（団体）による3日間の演舞を、8万人強の観客が盛り上げるのだ。

実は祭りの参加前から、USAは阿波おどりの練習を重ねてきた。
「できる限り阿波おどりの世界観を身体に染み込ませたい」
そう考えたUSAは、県内各地で始まる阿波おどりのスタートを飾る鳴門市の阿波おどりにも参加することを決意した。

USAが参加したのは、鳴門市の阿波おどりでの有名連『渦月連《かげつれん》』。
今回のDANCE EARTHの旅には、EXILE TETSUYAが参加!
共に四国の地に降り立ったのだった!

踊る阿呆に
同じ阿呆なら踊

MOTT

見る阿呆！
らにゃ損々！！
AINAI!!

阿波おどりのステップって、
ヒップホップのランニングマンみたい！

見たことのない光景
聞いたことのないリズム

新たな仲間たちに出会いたいという衝動は、
もう止められない。

うず潮連

オレたちは『踊る旅賊団』！

日本中・世界中を旅しながら、
「サイコーに楽しい瞬間」をたくさん頂いていくぜ。

潟月連

DANCE EARTH - JAPAN
05 NARUTO TOKUSHIMA
2013.8.11-12

「生きた魚を食す！」

text by Shinichiro Okuda

鳴門と言えば、その海峡にできるうず潮が有名だ。
船に乗ってかなり近くまで行き、その海の中にできた小さな台風のような水の渦巻きを見ていると少し引き込まれそうになり、ちょっとした怖ささえ感じたりする。

そんな力強い水流の中でも、それに負けずに生きている魚たちがいる。
この水流を泳ぎ切る魚たちは、自然としなやかで、見た目にも弾力感のあるイキのいい体つきになる。

そんな地の魚たちを生きたままに近い状態で届けることにこだわり続ける漁師さんがいることを、旅のスタッフは以前からチェックしていた。彼の名は『村 公一』。全国の名だたる有名シェフが彼の魚を求めて鳴門まで足を運ぶという。
USAは、自然を知り尽くす漁師との出会いを楽しみに、この鳴門を訪れた。

村さんのご自宅へ行き、食べさせてもらったスズキは、まるで生きているかのような弾力！ それもそのハズ。村さん曰く、「この魚たちが殺されることに気づく前に魚をしめる」のだそうだ。
どうも魚は自分が死ぬという危機感を抱いた瞬間から、自分の身体を劣化させる成分を排出するらしい。
そんな神レベルの業で捕獲され、捌かれた魚は、今までに体験したことのないナチュラルな味、臭みを感じない生身の味をしていた。
USAは思った。
「旅の仲間に漁師がひとりいたら、オレたちの旅もパワーアップできそうだな」
そんな想いを村さんにぶつけてみると、思わぬ言葉が返ってきた。
「どこの海に行っても自分が一番美味しい魚を捕れると思うよ」
お、頼もしいお言葉！
USAが、踊る旅賊団へのエントリー候補を新たに見つけた瞬間だった。

DANCE EARTH - JAPAN

TOKUSHIMA

「踊りのヤマ場の旅」

6

徳島 阿波おどり

THE CLIMAX IN DANCE

TRIP DATA
2013.8.12-13
TOKUSHIMA

「徳島　阿波おどり」

text by Shinichiro Okuda

鳴門で本場の阿波おどりの雰囲気を体感したUSA。
さらなる阿波おどりの深みに迫るため、徳島市へと急ぐのであった。
連日の阿波おどりの旅。おそらく今年参加する祭りでは、最大規模の祭りである徳島市の『阿波おどり』。
徳島市は阿波おどり発祥の地であり、日本三大盆踊りのひとつにも数えられ、人口26万人強の町に祭りの数日間だけで130万人以上の観光客が訪れ、踊り手だけでも10万人を超すと言う。
日本の踊りの祭りの代名詞的な祭りであり、USAにとっても外せない祭りであった。

そんな阿波おどりにUSAは、『阿呆連《あほうれん》』という連員数130名を誇る老舗の団体の一員として参加することとなった。
阿呆連は、昔ながらの伝統的な踊りをしっかり守りながらも独自のアレンジも加えたダイナミックな踊りが特徴的。阿波おどりフリークの間では、娯茶平連《ごじゃへいれん》か 阿呆連かと言われるほどの人気と実力を誇る団体の双璧のひとつだ。

USAはこの団体の一員となり、一体何を感じるのだろうか。

この匂いとこの温度。

まさにこれを感じるために
オレは旅をしているんだ。

阿呆連
阿呆連

阿呆連

なんでもっと早くやんなかったんだろう！
近くにあり過ぎて、「阿波おどりなんて、こんなもんだろうな」と、
勝手な想像をしていた。

思ったよりも全然激しかった。
心臓バクバクになって、ゲロ吐きそうになったし。

阿波おどり、ナメてました……。
今まで踊った祭りの中で断然、エネルギーが高いっ！

あいきょう連

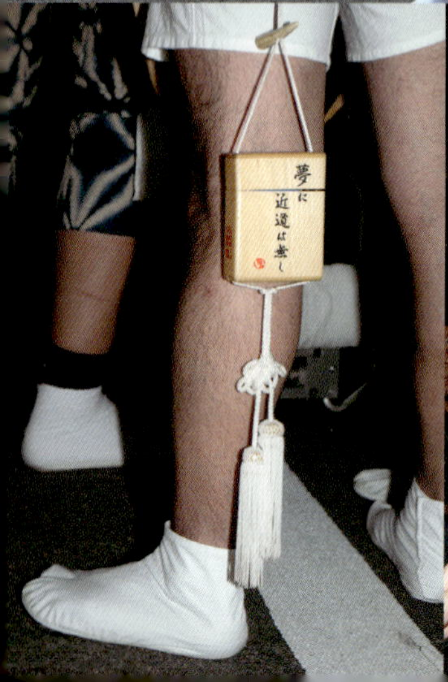
夢に
近道は無し

大黒天

阿波おどりの笛の音を聴くと
気温が3℃ぐらい下がったような
気がするのよね。

阿波おどり好きの女性の言葉♡

人間って、もともと動物的な本能が脳の中心にあって、
それを理性で覆って、生きていく中で、
それ自体がもう、ストレスになっているんだろうな。

祭りや踊りとかっていうのは、
動物的な本能をパカッと開いてくれる。
ストレスを解放させてくれるものとして、存在しているんだ。
1年間平和であるための安全装置みたいなものなんじゃないかな。

人間には、絶対に必要なものなんだ。
祭りも踊りも。

メイン会場ではないんだけど、
すげービートを打ち鳴らしている『連』を見つけちゃった。

日本の祭りの音って、
ゆったりしているものばかりかと思ったら、
大間違いでした！

日本なのにセネガル!?

阿呆連

DANCE EARTH - JAPAN
06 TOKUSHIMA
2013.8.12-13

「踊る旅賊団」 text by Shinichiro Okuda

2日間にわたって踊り尽くされた阿波おどり。この祭りの終わり頃には、3夜連続のパフォーマンスで、さすがのUSAも疲れを見せていた。
ヒップホップと同じようなステップを感じたり、阿波おどり独特の中腰の姿勢で、ゆったりと踊らなければいけないパートもあったりと、素早い動きとゆっくりとした動きの連続は、トレーニングに例えれば、言わば、サーキットトレーニング（※）のようなものだ。
フィジカル的なピークを迎えていたこともさることながら、熱気のピークも感じ取った祭りとも言える。

熱狂に疲れも相まって、USAの感覚も敏感になってきていたのだろう。
美しく響く高音の笛の音や、けたたましく鳴る太鼓の重奏について、USAが感慨深く、「日本の夏の音って、なんだか切ないですよね」と語るシーンが多かったと感じたのも、この時期あたりだったと思う。

8/10〜14までの5日間、撮影クルーを含めたボクたち『踊る旅賊団』は、ワンボックスタイプの車でずっと移動をしていた。
全国の街を回るサーカス団かのように、USAは行く町行く町で踊り、みんなを盛り上げ、惜しまれながらもサッと去っていく……。
旅賊団の団長USAは、あたかもフーテンの寅さんのようにも僕には見えたのであった。

※サーキットトレーニング
筋力および持久力の養成を目的とした練習法。比較的小さい負荷の運動を何種類か組み合わせ，休息をとることなく繰り返し練習する。全身のすべての筋肉や機能が運動に参加できるような循環をつくるのがポイント。

阿呆連
阿呆連
この街に、あなたに
ENEOS CARD!
TNK
株式会社

祭り好きの固い絆。
阿呆連という絆。
みんなが本気になれば、何だって超えられる。

大切なのは、
アホでも本気で向き合ってくれる仲間を持つこと。

仲間と踊りたい。
踊る仲間に出会いたい。

出会いと別れ。
嬉しさと寂しさが絡み合う。

そんな想いを胸に、
今日もオレは、やっぱり祭りを踊るんだ。

男はつらいよ 2013 夏 フーテンのウサ次郎

阿呆

2006年からスタートした『DANCE EARTH』。USAの「旅をしながら、この地球のすべてのリズムとビートを乗りこなしたい！」という想いから始まったこの旅も、多くの人たちとの出会いやそこから受けるインスピレーションによって、いつしか「ダンスで世界を繋げたい」という想いへと進化していった。そして、2013年。海外から一転、日本を巡る旅へ。『DANCE EARTH – JAPAN』プロジェクトとして、USAは日本の祭りとそこにある踊りに触れ、「日本人ほど踊りが好きな人種はいないのではないだろうか」と思うようになった。
祭りを巡る旅のスタートから約1年が過ぎようとする頃、USAとTETSUYAに改めて昨年一緒に回った祭りの思い出を語ってもらった。

メンバー初！ DANCE EARTHの旅

USA (以下 U)： 何だかんだ言って、メンバー初のダンスアースの旅への参加だよね！

TETSUYA (以下 T)： USAさんが見ている景色を見てみたい！ そういう想いがずっとあって、ダンスアースの旅には、ぜっっったいに同行させて頂きたいと思ってたんですよね。
今回その景色を共有できる！ っていう喜びがスゴくて、高知空港に着いたときから、それが溢れちゃって、テンションがアガッちゃいました！

U: 景色と言えば、お祭りの景色は、どの土地も独特なものに溢れているけど、よさこいのあの地方車の上に寝そべって見た夜空は忘れられないなー。この光景見たかったヤツだ！ って。

T: あの祭りに行く前ドームライブリハで、ドーム会場を回るフロートの上にUSAさんと寝そべっていて、その時USAさんが「あー、こんな感じでどっかの場所で荷馬車とかに揺られて夜空をみたいなー！」って話していましたよね。

U: お盆のスタートに日本最高記録を記録する気温だったりして。

T: よさこいのアツい祭りであのアツさ！ そんな中でも子どもたちは元気いっぱいでしたよね。

U: まさか、マイクとかあると思ってなかったから、声出しもしてなくって、プロなのに夜には声が枯れてたりして……（笑）

ライブとはまた違ったアツさが祭りにはある！

U: 祭りはやっぱりアツいよね。
T: EXILEのライブとは違うアツさがありますよね。使命感の違いなのかなー。EXILEのライブは来ているファンの方々に、絶対に幸せになって帰ってもらわなきゃいけないっていう。祭りは、自分が楽しんでイイんだっていう割合・範囲がものすごく大きいと思うんですよね。
U: 結局踊っている人が思いっきり楽しんでいることでそれを見ている人が楽しくなる、みたいなのが祭りだよね。そういうのを見てると元気になるし！
T: 女性の祭りの踊り子さんたちはこれがまた、キレイでしたよね。
U: オレらが入ったチームのコたちも、キラキラしてたよね。
T: 上町よさこい鳴子連！ みんな一生懸命でしたよねー！
U: うん、めちゃめちゃ一生懸命踊ってて、感動したもん。そういえば、頑張って踊っていると何かメダルもらえるよね。
T: 花メダルですよね、アレ良くないっすか!? EXILEのライブにもあの制度あったらいいのに！
U: でも、ライブでメダルもらえなかったら、ショックだね（笑）。
T: でも、その花メダルを何とかもらうために子どもたちは、一生懸命練習して、踊るらしいですね。僕もメインストリートで、メダル欲しさにすっげー踊っちゃいましたからね！
U: よさこいはアツかっただけに、終わった瞬間がヤバかったよね、寂しくって。
T: ですよねー!! アレが、一番子どもの頃を思い出したりする光景ですよね。
U: 子どもは帰りたくないから、泣いちゃうんでしょ！
T: 終わるのが夜の暗くなった頃で、汗でぐっちょぐちょになってる中だけど、その疲労感もあるのか、無性に寂しくなるのがお祭りですよねー!!

日本以外にこんな国はない！やっぱり日本は素晴らしい！

U: よさこいもそうだったけど、次の日に行った高松の讃岐うどんだったり、鳴門でも刺身を食べたり。今回の旅はとにかくウマいもん食ったなー！
T: 鳴門は漁師の方のおウチで出して頂いた刺身、あれは極上でしたね。
U: どうやったら魚が一番新鮮な状態で食べられるかを追求している漁師さんのおウチで食べた刺身ね。アレ、スゴかった！
T: でも、あれだけ食べたら、USAさん…太りますよね??
U: うん（笑）。体重増えちゃった！ 土地土地でうまいものがあって。こんなにウマいものがたくさんあって、その土地土地で違う味わいがある、こんな国は他にないんじゃないかなー。
あー、また旅に出たくなってきた（笑）。

実は最初に阿波おどりの祭りが始まったのが鳴門

T: よさこいの次は、いよいよ阿波おどりでしたよね。
U: そう。阿波おどり。
T: 阿波おどりは、日本で一番有名なお祭りなんじゃないですか？ その阿波おどり、徳島県内で最初にスタートするのが、鳴門っていう。今じゃ徳島が一番大きくて有名かもしれませんが、鳴門から始まるんですよね!?
U: それってブラジルのリオのカーニバルとサルヴァドールのカーニバルの関係と似てるかも！ で、まずビックリしたのは、まさか

阿波おどりのステップがランニングマン！
T: メチャクチャ、ランニングマン!!　マニアックな言い方になりますが、ダウンのランニングマン、でしたね！
U: 日本の踊りの中では、一番躍動感がある踊りだよね。
T: オレは阿波おどりが女踊りと男踊りがあるのも知らなかったレベルからスタートしたんですが、そんな状態でいざ実際の踊りの場に入ってみたら、とにかくツラい！
U: たかが50メートルぐらいの踊り場なんだけど、もうあそこを踊り切るまで、手を上げたまんまってのか、まずムリ！　手がムリ、足パンパン、心拍数アガりまくる、みたいな。
T: でも、そんな中でビートが上がってくるんですよね。「男ども、躍動しろ！」みたいなビートが迫ってくる。体力には自信があったけど、疲れちゃって、その脇で、オレなんかよりハチキレて踊って体幹もブレずに踊っている祭りの人がいっぱいいて、ビックリしました。
U: もうアレは、小さい頃から踊りまくった人の踊りだよね。やっぱり伝統を受け継ぐ人たちで作られる祭りっていうのを踊りからも感じたよね。400年以上前に始まったお祭りだもんね。
T: 400年……阿波おどりを編み出した人ってすごいですね。

ねじりハチマキが似合うオトコ

T: 面白かったのは、手ぬぐいをホッカムリのようにして鼻の下で結んだ手ぬぐいのねじりハチマキ！　結構ビックリするぐらいUSAさん、似合ってましたよね!?
U: いやいや、顔バレしないように、手ぬぐいを被ったらバレないだろうってことで、これはイイぞと。
T: オレなんかギャグっぽくなっちゃうのに。USAさん、何でも似合うなーと思って。スッとハマってたんですよ。
U: これで大丈夫かなーって思って踊りの場に行ってみると……
T: ソッコーでバレてませんでした？
U: そう！　すぐにカシャカシャ、撮られ始めたり。
T: 結構難しいですよね。海外だとUSAさんも顔バレとか気にしなくてもよいですけど、日本ではやっぱり難しい。
U: 祭りを楽しみたいと思いつつも、祭りを自分たちが壊しちゃいけないっていう意識は強かったかな。
T: 祭りの方々に迷惑をかけたくなかったですよね。せっかく祭りに参加させて頂いたのに。
U: でも、祭りの方々の協力もあって、どの場所も楽しませてもらえたな。

テレビでも阿波おどりを炸裂させたTETSUYA

T: ボクは、帰ってすぐにテレビ収録があって、そのダンスの中でソロのパートがちょっとだけあったんですよ。で、思わず、そのソロで阿波おどり踊ってしまったんですよね。ヴァイブスが入っていたんでしょうね。
U: 見た見た！　そのオンエア。踊ってた(笑)。

T: とにかくヒップホップが好きな自分が、日本の踊りからインスピレーションを受けて進化した瞬間を感じて、何だか嬉しかったですね。
U: 新しいジャンルを考えるヒントがたくさんあるなと思ったね。動きとか音楽とか。あとファッションだよね。
T: ボクも何度も帯位置とか直してもらいましたもん。一番カッコいい位置に収めて欲しくって。日本の良さを再認識できたのが、この祭りの旅だったのかもしれないですね。
U: あ! 日本の祭りを回ったんだから、いつもツアーでやってる五・七・五をこの本にも入れようよ。
T: マジっすか! お題は何ですか??
U: 祭りで感じた日本の文化をロマンチックな感じで。それ宿題でいい??
T: ハイ! じゃあ、その代わりにUSAさんが阿波おどりに行くときは、またぜひ誘って下さい!

伊勢の地で考える新たな祭りの旅

U: で、祭りとしては、ここでTETSUYAとはお別れだったよね?
T: すっごい後ろ髪引かれる思いで、東京に仕事に戻りましたよ(笑)。
U: でも、10月には一緒に伊勢に行ったよね。伊勢神宮で祭りのまつりがあるってことで!
T: ハイ。でも、まさかのあいにくの雨。それもザーッっていうレベルの大雨でしたね。スゴい雨!
U: ダンスアースの旅で初めて雨に遭って。でも、そのおかげで全国のたくさんの祭りの踊りをゆっくり観ることができて、次の祭りの旅だったり、自分のダンスパフォーマンスに新たな要素を加えるヒントになるようなインスピレーションが湧いてきたな。
T: 次、何の祭り行きます??
U: あのさ、顔が隠れるから秋田の西馬音内《にしもない》とか行きたいかな。あと、去年、沖縄のエイサーも行けてないから行きたいよね。
T: 祭りの踊りって、土地土地でそれぞれ何か道具を使って踊りますよね。独特のオリジナルの道具を。よさこいだったら鳴子だったりとか。モノを使ったダンスを生むっていうのも、アリかもしれませんよね。ダンスアースというテーマで考えた場合、2014年の今年のダンスアースの舞台でも、うちわにヒラヒラしたリボンを付けた小道具があったじゃないですか。祭りのエッセンスをダンスアース流に解釈して皆さんに楽しんでもらいたいですね。

猿田彦神社でのダンス奉納

U: TETSUYAのお陰で伊勢では、猿田彦神社でダンス奉納もできたよね。
T: そうですね。古い神話で道開きの神様とされる猿田彦大神がまつられているということで、神主さんが知り合いだったので、相談させて頂いたら、ぜひという話を頂けて。
U: 集中して踊ったよね。何かライブとかとは違うピリッとした雰囲気。
T: 普段踊る場所じゃないところで踊る緊張感がありましたね。
U: 神様の前で踊る、神様に踊りを捧げるって思ったら、違うスイッチが入っちゃったね。
T: 絶対失敗できないヤツだ! と思って!(笑)
U: 白スーツで踊ったのも、神聖な気分にマッチしてたね。
T: でも、実際に神様の前で踊っている時には、色々なことが思い出されて。去年のダンスアースの舞台の自分の役名が「サルタ(猿田)」だったり、その舞台は初めての主役という大役で、自分なりには成功させなきゃいけ

ないという責任感があり、そこで自分が成長できたな、と実感できた頃を思い出したりして……。
U: 物語があったね、猿田彦神社のダンス奉納に至るまでには。
T: 踊った後に涙が出てしまいましたね。涙もろいヤツだなって思われたら、嫌なんですが、でも、それぐらい想いは強かったですね。
U: 色んなことがあったよね、そこに辿り着くまでに。
T: すごい意味のあるダンスだったなと思います。
U: うん。神社でダンスを踊ることに意味がある。
T: ダンスに何か意味があるなんて思っていなかったけど、EXILEに入ってからダンスの意味をすごく考えるようになった。
U: 神社でダンスを踊る……。そんなのいいのかなって思ったけど、昔の書物とかに遡ると太陽の神様が不機嫌になって、隠れてしまった時、全国の神様が集まって、隠れてしまった太陽の神様の機嫌を直してもらうために、どうする? あーする? こうする? って話し合った結果、何がいいかと会議をして決めたのが、なんと「そうだ! ダンスを踊ろう!」ってなったワケで。それを知った時、「なんだ!　神様ってダンス好きなんじゃん!!」って思った!
T: その時踊っていた日本最古のダンサーが天宇受賣命《あめのうずめのみこと》で、そのアメノウズメが猿田彦大神の敷地内に祀られていた、と。
U: 佐瑠女《さるめ》神社、これがあったんだよねー。
T: 佐瑠女神社は、『猿女神社』とも書くらしくて、猿田彦大神の奥さんだったとも言われているんですよね。
U: そんな偶然の縁で、日本最古のダンサーを拝むこともできた。そんなに計算しているわけではないんだけど、ホントに自分の感性を信じて、人との出会いとかで得た情報で、その場所に行くんだけど、そこには必ずその時必要な出会いとか踊りが待っているっていうのが不思議で。
T: あるんですよね!
U: そして、それが題材となって舞台とかができていくという。面白いんだよね、この旅は!
T: それはやっぱりUSAさんが、常にアンテナ張ってるからそう思えるんでしょうね。今回、旅を直に体験した後に、舞台に臨ませて頂いたので、舞台への思い入れも違いましたよね。旅を経験しているから、自分に何が求められているかがわかるし、去年は表現できなかったことが、今年の舞台では表現できたんじゃないかって思います。
U: じゃあ、また旅に行かないとだね(笑)。
T: そうですね。旅に行ったら、また舞台にも出ざるを得ない、というかUSAさんに舞台に出さざるを得ないと思わせて、ぜひまた舞台に立ちたいなと。必要だと思わせたモン勝ちですからね!
U: EXILEメンバーも旅に行きたいと言ってくれるけど、スケジュール的に実際に参加するのは至難の業だからね。旅のスケジュールを入れるにはなかなか勇気がいるからね。

USAの次の一歩は？

T: 今回USAさん、舞台楽曲の作詞もされて、旅の景色が歌詞の中にわかりやすく落とし込まれていたので、これを聞いた時に舞台の千秋楽のステキな映像が自分の中で思い描けましたね。
U: 千秋楽でみんなでお客さんに向かってバンザイして挨拶してる、みたいな。
T: ここに向かって進めばいいんだなってシンプルに思えたんですよね。
U: 日本を旅する前、Change the worldというテーマで世界を旅してそれを本にして、その中で「世界を変えることは自分を変えること」っていうメッセージがあって、日本を回る時に考えていたのも、一人一人のココロにも時にはココロを閉ざしてしまうような天岩戸があって、それを踊りで解放していこうというテーマが既にあったから、すぐに歌詞は書けたんだよね。
T: 無事に舞台も終わりましたし、また祭りにも行けたらいいですね。
U: うん。でも、やっぱり自分で祭りを作りたいね！ もう。人の祭りに参加するのもいいけど、自分たちの祭りを作りたい。
T: いいですねー。自分が思い描く音と踊りと衣装で彩られた祭り。そして、やっぱり何を祀る（祭る）かですよね！ その辺ってUSAさん何か考えてるんですか??

U: うん。考えてる……
T: えっ！ そうなんすか!! 考えてんすか!!!
U: まだ公開はできないけど、自分がいいなと思った祭りの大切な要素を盛り込んだ楽しいお祭りを絶対やるつもりだよ。
T: まだまだUSAさんのダンスアースの旅は続きそうで、これからももっともっと広がっていきそうですね！
U: どうしよう……旅の友がどんどん増えていっちゃったら！ これ以上、仲間が増えると団体のバス旅行みたいになっちゃったり。
T: でも、その祭りの団体が来たら、「アイツら来ると、祭りの盛り上がりが変わる」みたいな存在になっちゃったりして。
U: そういうのいいよね！ そうなりたいね!! そのためにも次の祭りを計画しよっ！
T: ぜひっ!!

終始、祭りの楽しさ満載の和やかな雰囲気で進んだ二人の対談。
ところで対談の中で語られていたTETSUYAの五・七・五！
後日編集部の届いた力作がこちら！↓

「また見たい 踊る阿呆の チラリズム」

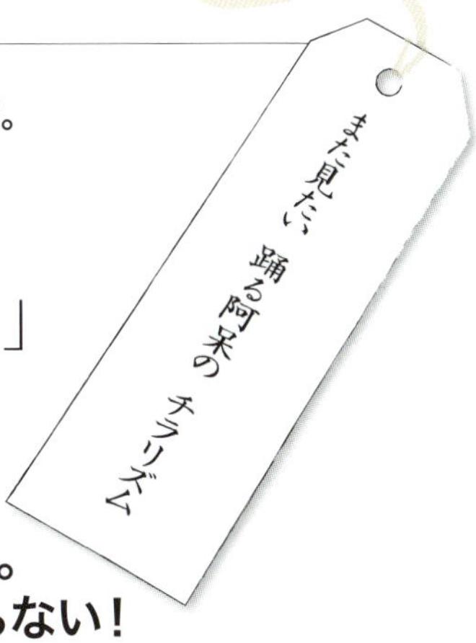

何ともロマンチックなTETSUYAならではの
阿波おどりへの哀愁漂う一句!!

どこまでも尽きないふたりの祭りへの想い。USAのダンスアースの旅はまだまだ終わらない！

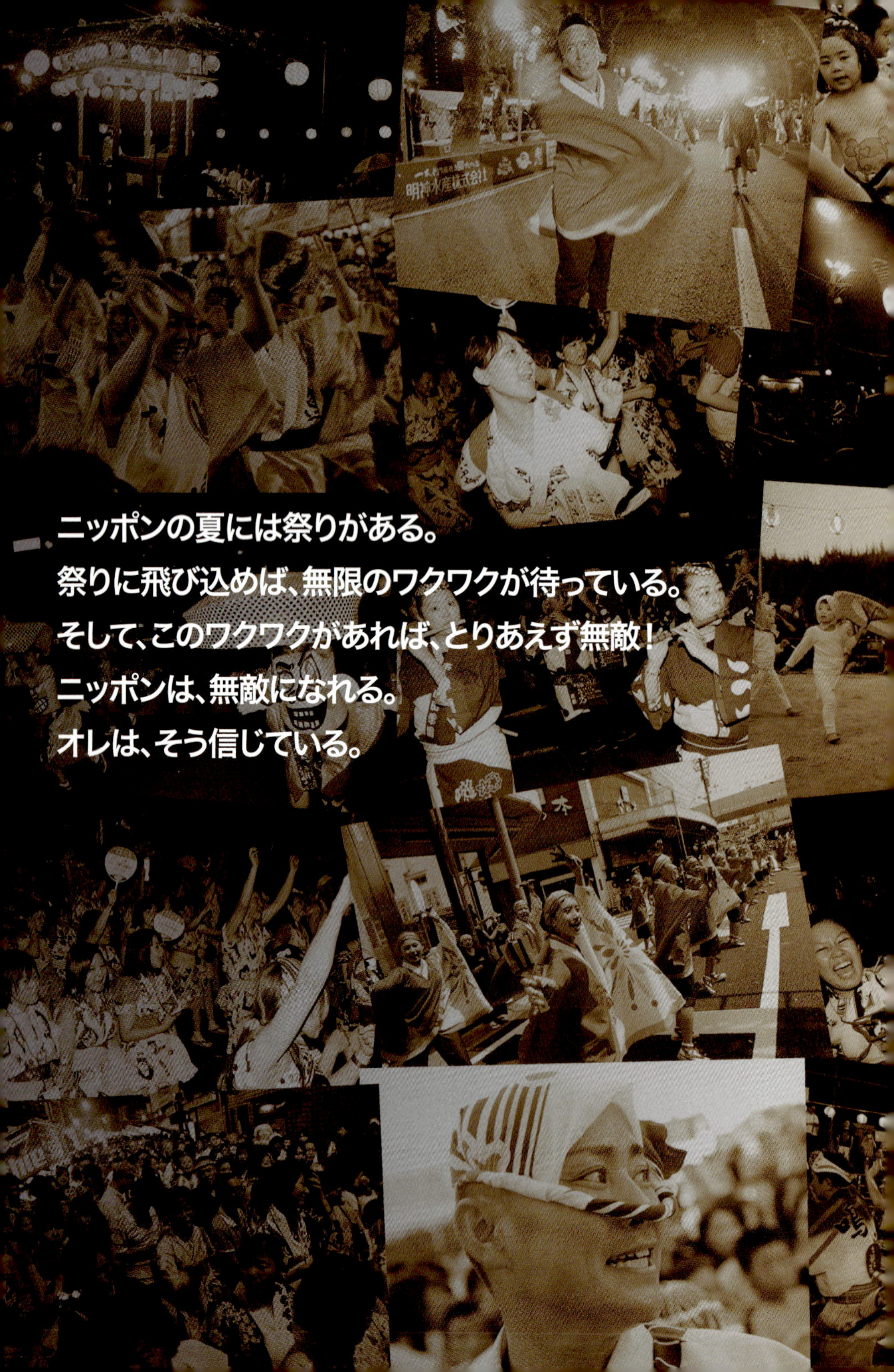

ニッポンの夏には祭りがある。
祭りに飛び込めば、無限のワクワクが待っている。
そして、このワクワクがあれば、とりあえず無敵！
ニッポンは、無敵になれる。
オレは、そう信じている。

DANCE EARTH - JAPAN

GUJO GIFU

「夜通し踊る祭りの旅」

7

郡上おどり

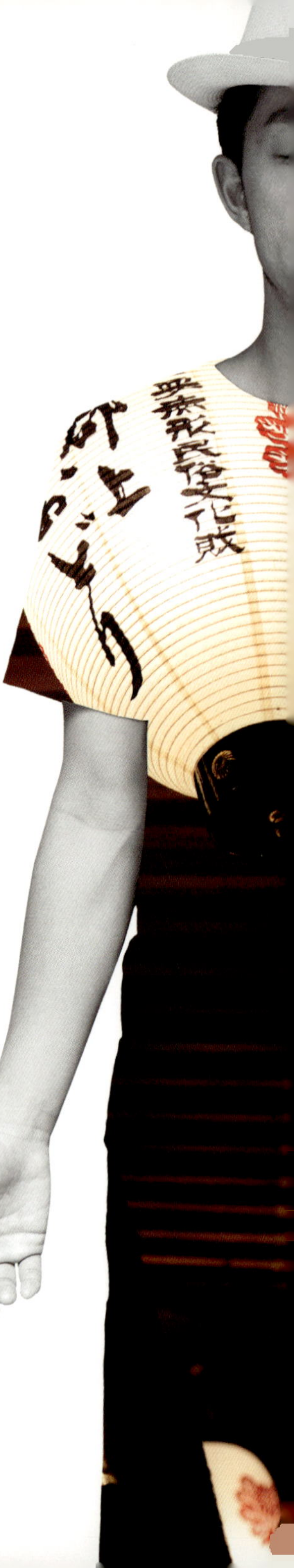

THE FESTIVAL OF DANCING ALL NIGHT LONG

TRIP DATA
2013.8.13-14
GUJO GIFU

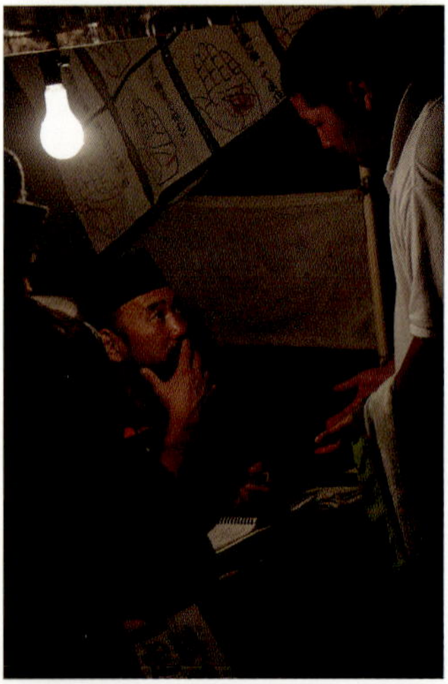

「岐阜 郡上おどり　オールナイトで盆踊り！」

text by Shinichiro Okuda

岐阜県のちょうど中央部に位置する山あいの人口約15,000人の城下町、郡上市八幡町。
この町で江戸時代に士農工商の融和を図るために「盆の4日間は無礼講で踊ること」を奨励し盛んになった盆踊り『郡上おどり』。
日本三大盆踊りにも数えられ、街のメインストリートを踊り手全員がひとつの輪になって踊る。
特にお盆の時期は、朝方まで踊り明かす徹夜おどりが有名だ。

USAは、「深夜を過ぎて踊りを踊っても許される『素敵な空間の祭り』を体験したい！」とお盆のオールナイト盆踊りを目指して旅立った。

他のお祭りのように、特に団体を組んで踊るのではない郡上おどり。
USAは自分が単独でこの盆踊りに参加していることがバレないように、ある細工をして祭りに参加した。
全10種類の踊りで構成される郡上おどりは、毎晩課題曲が設定されていて、その曲をうまく踊りこなすと免許状がもらえるという。
果たして、USAは免許状をゲットできるだろうか!?

カランコロン！
カランコロン！

新町通

踊りの輪の中で行き交うヒトたち。
何度も同じヒトと目と目で通じ合う。
一瞬ドキッとすることだってあるのかも。

郡上はある意味、祭りコンパ！
『祭コン（マツコン）』だっ！

日本では、深夜に集まって踊っちゃいけないという法律がありながらも、
郡上には『徹夜おどり』という夜中じゅう踊り続ける祭りがあった。

僕らの国は、踊ってはいけない国!?

郡上
おどり

「もう踊りなんて踊る歳じゃないから……」
なんて決まり文句は通用しません！

私たちが夜通し踊るから、世界に朝が来るのよ！
そう思って踊るの!!

郡上の踊り好きのおばちゃん談♡

まず、自分を開放できること。
そして本当の自分を思い出すこと。

その開放している本当の自分で、
他人と繋がるって素晴らしい。

郡

そこで起きた出来事。
その土地で見た景色。
いにしえの昔から、すべてが歌となり、踊りとなった。

踊りにはひとつひとつ意味があり、
その踊りを通して人は通じ合う。

たくさんの人と通じ合うために、
たくさんの踊りが、日本の祭りには溢れている。

新

盆踊りっていうのは、
盆にいろんな霊が帰って来る時に踊られる。

盆には、いい霊だって悪い霊だって帰って来る。
悪い霊をはね返しちゃうと、また戻ってくるっていうか、恨まれちゃうんで、1回盆踊りの輪に入ってもらって、一緒に踊って、楽しんでいただいて、いい気持ちになって、それでさようならって立ち去ってもらう……。

ある意味、『千と千尋の神隠し』のお風呂屋と同じような感じ。
いろんな神さまが来て、変なのもいっぱい来る。
おくされ様もいっぱい来るけど、満足させて帰らせよう、みたいな。

そんなおとぎ話のような盆踊りの町、郡上。

「郡上の旅を終えて」 text by Shinichiro Okuda

阿波おどりの喧噪と高揚が身体に残るUSA。
阿波おどりの夜は、次の日の移動も考慮して、徳島から淡路島へ移動して一夜を明かした。
高台に建つ一軒家に宿泊したUSAは、朝から眼下に広がる鳴門の海を見てしばし癒される。昨晩のヒリヒリするような熱気が、鳴門の海の瑞々しさで少し癒されるような感覚だ。

朝のひとときを過ごすとUSAたちは次なる踊りの町へと旅立つ。
今日の移動は9人乗りのワンボックスに撮影クルーも一緒に乗り込んでの陸路移動。Googleのマップで調べてみると最短距離でも300キロオーバー！　ノンストップでも4時間半近くかかる……。
ちょっとした合間があるとすぐに踊り出すようなUSAにとって、身体を動かせない車移動は、旅好きとは言え、身体もカチコチになってしまうし、なかなかハード。
結局郡上に着いたのは、午後5時を過ぎていた。7時間を超える長旅の後の郡上おどり。それも待ちに待った徹夜おどり！ とは言え、さすがのUSAも若干お疲れモード。朝まで踊り続けられるかなーと心配するボクら。
仮に朝までUSAが踊らなくても、撮影素材として成立するだけの写真が撮れれば良いかな、と思ったりもしていた……。
そんなボクらを知ってか知らずか、郡上のお祭りは、USAとボクらを優しく受け入れてくれたような気がした。
町の灯りも阿波おどりのような派手さはないけど、ぼんやりとした薄灯りが日本人のDNAにしっとり響くし、町で踊る人たちもただひたすらに、ホントにひたすら郡上おどりを踊っている。
この祭りは町全体がおどり会場になっていて、実はひと繋がりの輪になって踊っているのだ。
そんなこともあって、ひたすら踊っていると何度も同じ人とすれ違う。だから、いつしか踊っている人たちに初めて会ったとは思えない不思議な親近感に包まれる。

身体は疲れていたかも知れないけれど、親近感の無限ループに入ったUSAは、結局朝の5時近くまで踊り続けた。やはり踊り好きな仲間がいれば、いつまでも最強でいられると実感させられたようだった。
「仲間がいるから、踊り続けられる」
ふと、朝方そんな言葉がUSAの頭をよぎる。EXILEのメンバーのことでも思い出したのか？
徹夜おどりが明けた数時間後には東京でツアーリハが始まるUSA。
この祭りを経て、より素晴らしいパフォーマンスがEXILEメンバーと見せられそうな気力に溢れているように見えた。

「もしも郡上に生まれたら」

Short Story

text by Yoshihiro Usami

「もしも郡上に生まれたら」 **Short Story** text by **Yoshihiro Usami**

岐阜の中部に位置する郡上市。山間のこの小さな町には、このあたりで知らない人はいない名うてのダンサーがいた。
宇佐美吉啓。彼はダンスが底抜けに上手いが、盆踊りのような和踊りも得意だということで、その評判を上げていた。ただ、彼がこの町に生まれていなかったら、その踊りの上手さも、そこまで話題にならなかったかも知れない。

彼がダンスで評判になったのは、名だたるダンス大会で優勝したとか、有名なアーティストのツアーのバックダンサーになったからとかではない。彼がこの町で有名なのは、この町に日本でも有数の『盆踊り』が存在するからに他ならない。

『郡上おどり』。ダンスが心底好きな宇佐美にとって、この郡上おどりがある夏は大好きな季節だし、この郡上おどりがある町に生まれたことを誇りに思っていた。
だから、毎年祭りの季節は、毎晩郡上おどりに参加するし、徹夜おどりの日は、最高のテンションで参加する準備を欠かさなかった。そんなこともあって、郡上おどりの上手な踊り手に与えられる『免状』を彼以上にもらっている人物は見当たらないらしい。幼少の頃からもらった免状は、蔵ひとつ分では収まらないなんて噂さえあった。

そんな宇佐美が高校を卒業した最初の年の夏休み。待ち焦がれた郡上おどりの季節がやってきた！
「今年もすべての踊りを、一番上手く踊ってやるぜ！」
そんな気持ちで繰り出した8/13の徹夜おどり。今年も宇佐美は、郡上おどり保存会から納得の免状を、踊りごとにゲットした。免状をもらってからも大好きな郡上おどりをひたすら踊る。町全体をぐるっと結ぶ人の輪には、おじいちゃんからおばあちゃん、お父さんやお母さん、その子どもたち世代の男の子や女の子まで。地元の人もいれば遠く東京から来たと思しき人もいたりする。
宇佐美は思う。毎年の知った顔が集まっているかと思えば、知らない新入りさんもいたりする。でも今日の朝まで一緒に踊れば、何度も顔を見合わせるから、みんな仲間の様になる。
さぁ、今日も朝まで踊り続けるぜ！

宇佐美がひたすら踊り続けた頃、空の色も少しだけ白んできて、今日の徹夜おどりが終わりを告げた。ゆったりとした郡上おどりであるが、朝まで踊るとそれなりの心地よい疲労感に包まれる。
宇佐美は徹夜おどりが終わるといつも町はずれの高台に上り、ライトアップされた郡上のお城を観ることにしていた。
お盆の頃の夜明けは、秋の声が少し囁かれているような身体を冷ます心地よい風が、この高台を静かに吹き抜ける。目の前の木々とそこから放たれる木の匂い、ライトアップされたお城、そして心地よい風……。徹夜おどりの充実感を満たす最後の儀式にふさわしい高台での一休み。
「いつか、このステキな景色を大切な人にも見てほしいな」
宇佐美はココロの中で、そんなことを思っていた。

そんな時、心地よい風を伝って、涼しげな透明感のある女性の声が聞こえてきた。
「郡上おどり、お上手でしたよね」
モダンな浴衣をキレイに着こなした女性の声だ。よく見れば、祭りの輪にいたコだとわかる。
宇佐美の踊りが、誰かのココロに届いた。
そんな夜明けの出来事だった。

姫島盆踊り

DANCE EARTH - JAPAN

HIMESHIMA
HIGASIKUNISAKI OITA

「キツネに化けて踊る旅」

8

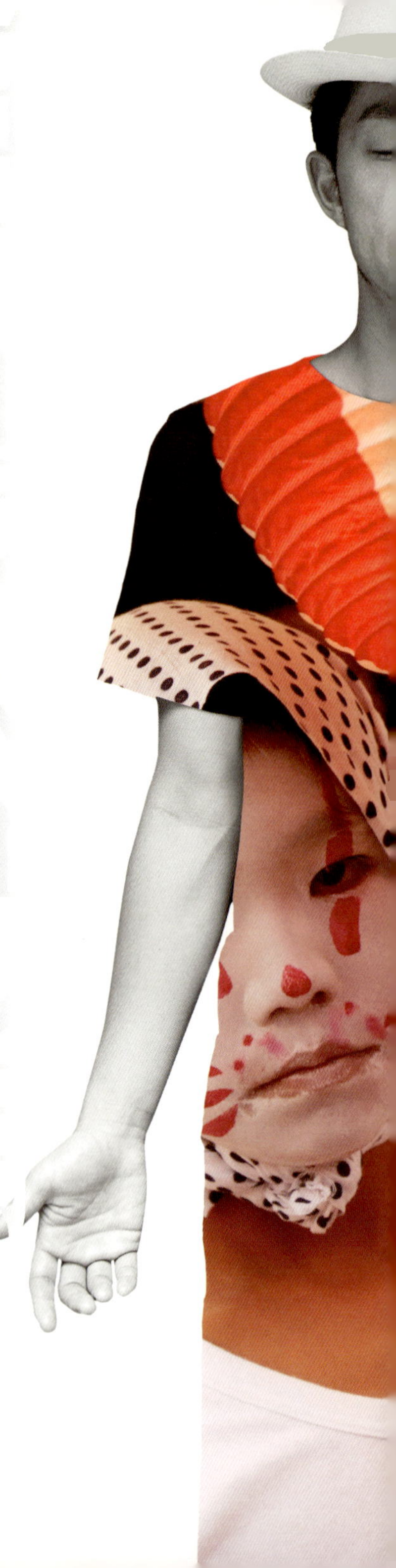

DANCE OF TRANSFORMING INTO A FOX

TRIP DATA
2013.8.15-16
HIMESHIMA
HIGASIKUNISAKI OITA

「大分 姫島盆踊り 世界一踊り好きな人種を証明する場所へ」 text by Shinichiro Okuda

九州北東部の国東半島から北に約6キロの海上に浮かぶ人口2,000人程の小さな島。
大分県姫島。この小さな島では、お盆になると50種類以上の踊りが踊られる盆踊り『姫島盆踊り』が開かれる。

USAがこの祭りを知ったのは、仕事で大分県を訪れた時。駅のホームで、この盆踊りの看板がUSAの目に留まり、輪になって踊る子どもたちの楽しそうな光景に釘付けになった。

調べていくと、この島の盆踊りは、数十にも及ぶ踊りがあり、日本のおとぎ話にでも出てきそうな独特なキツネの仮装をする『キツネ踊り』などがあるとのこと。何とも言えない可愛らしさとファンタジックな風景を造り出すこの祭りに、USAは一瞬にして心をわしづかみにされた。
USAは、「小さな島に数十にも及ぶ踊りが存在する姫島は、実は日本人が世界一踊り好きな人種だということを証明する象徴的な場所だ」と考え、参加を決意した。

祭りでは、姫島を7つの地区に分け、そのそれぞれに踊りを披露する盆坪と呼ばれる踊り場を設けている。7つの地区の住民は、それぞれ自分の地区の踊りを持っており、すべての盆坪を順々に周りながら、地区の踊りを披露する。
USAは今回、北浦という島の中央やや西寄りに位置する地区で、キツネ踊りの踊り手として参加した。

ちょっと違う世界、行っちゃう!?

Floral

え!?　島じゅう仮装大会!?

世界の踊る島1個って言われたら、イビサって答えるけど、
日本にだって、踊る島はあるぜ！

踊り人口密度世界一！ たぶん!!
（誰も試算したことないだろうけど……）

日本中の様々な祭りに飛び込み、踊りに触れながら、
たくさんの人たちが踊るのを、オレはこの目で見てきたから！

インターネットで見ただけで、満足していないか？

知っていることと体感することは、全然違う。

まったく想像以上でした(汗)

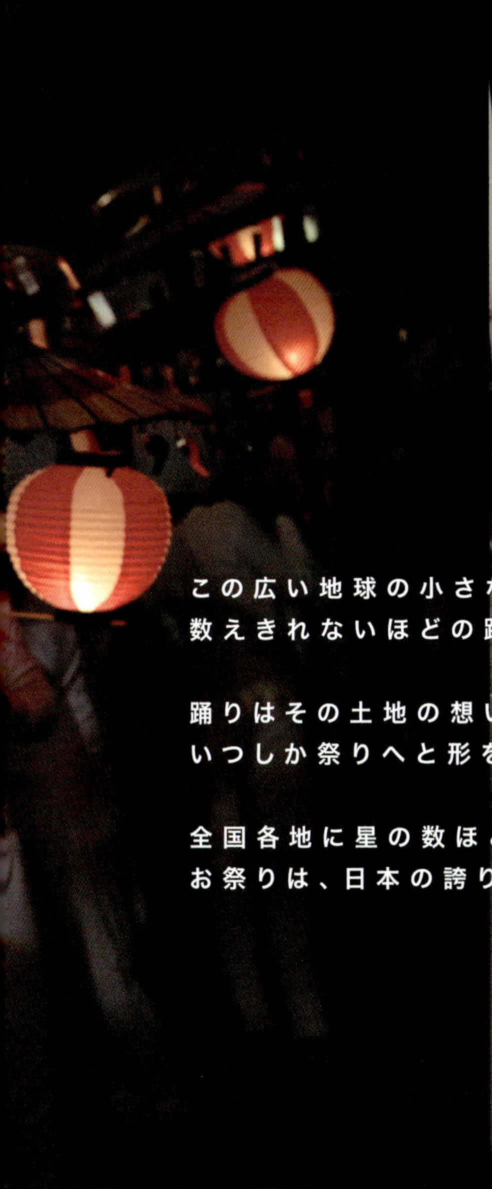

この広い地球の小さな小さな島の中で、
数えきれないほどの踊りが生まれる奇跡。

踊りはその土地の想いと共に受け継がれ、
いつしか祭りへと形を変えていく……

全国各地に星の数ほど散りばめられている
お祭りは、日本の誇りの数々に他ならない。

『ニッポンのおとぎ話の世界へ』

夏祭りのラストの地、姫島。
「白い石から生まれたお姫様が、流れ着いた島だ」と言われていたり、
古くからの伝説が息づいている島。

姫島盆踊り。
初めて盆坪を遠目に見た時のファンタジー。
それは、小さな時に連れて行かれた、町にやってきたサーカス団のテントの明かりと同じだった。

子ども20人が輪になれば埋まってしまう小さな会場。
全身白一色に赤いお化粧で白キツネを連想させる子どもたち……。
提灯を吊るした赤い傘を持ち、キツネの仕草をまねて、ユーモラスに、そして可愛らしく、手に持ったそれを振ってみせる。

この島の踊りは、いつしか伝説になる。
在りし日のお姫様伝説のように……。

人間に化けた動物が、お盆になると小さな盆坪に現れて、かわいらしく踊っている。

地球には、まだまだ知られていない別世界が、必ずある。
オレは、それを、また探しに行く。

DANCE EARTH - JAPAN
08 HIMESHIMA HIGASHIKUNISAKI
OITA / 2013.8.15-16

「姫島の旅を終えて」 text by Shinichiro Okuda

夏祭りの最後を飾る訪問となった大分県姫島。
この島は、2,000人程の人たちで構成されていることもあり、島民同士も知らない人がいないのでは？ と思えるような、島ならではのアットホームな雰囲気が漂っていた。

USAの訪問にも、村長を筆頭に多くの方々にご協力頂いた。
通常、島に入るための交通手段は、国東半島の港から出るフェリーに限られているが、今回USAは、混乱を避けるために島民の漁船を利用して、島に上陸させてもらった。
また、宿泊先では、姫島の名物だというエビやタコといった海産物が、これでもかというぐらいに提供され、撮影スタッフ全員でも食べきれないくらいの大量のお食事とお酒で歓待してくれた！

今回メインで踊った盆坪は、子どもが20人も輪になるといっぱいになってしまうほどの小さな会場。観客もほとんどが地元の人とあって、とてもほのぼのした空気感に包まれていた。
「島って、日本の昔の風景がそのまま残されている場所なんだな」
USAもそう思ったようだった。

そして、祭りの踊り。こちらも非常にアットホームだった。
大きくは、昔から踊り続けられている伝統踊りと、毎年新たに考案される創作踊りに大別されるが、毎年新しい踊りとして考案される踊りには、踊りとしてはまだまだ発展途上なものもあったりして、突っ込みドコロ満載だったりする。
しかし、だからこそ、踊り手と観客が一緒になってワイワイ盛り上がれるお祭りになっていて、各地区の盆坪は、賑やかな小劇場のような様相を呈していた。

この祭りで、夏の旅は一段落。
夜に催されたスタッフでの打ち上げ兼反省会も、ほのぼのとしたムードで朝方まで続いたのであった。

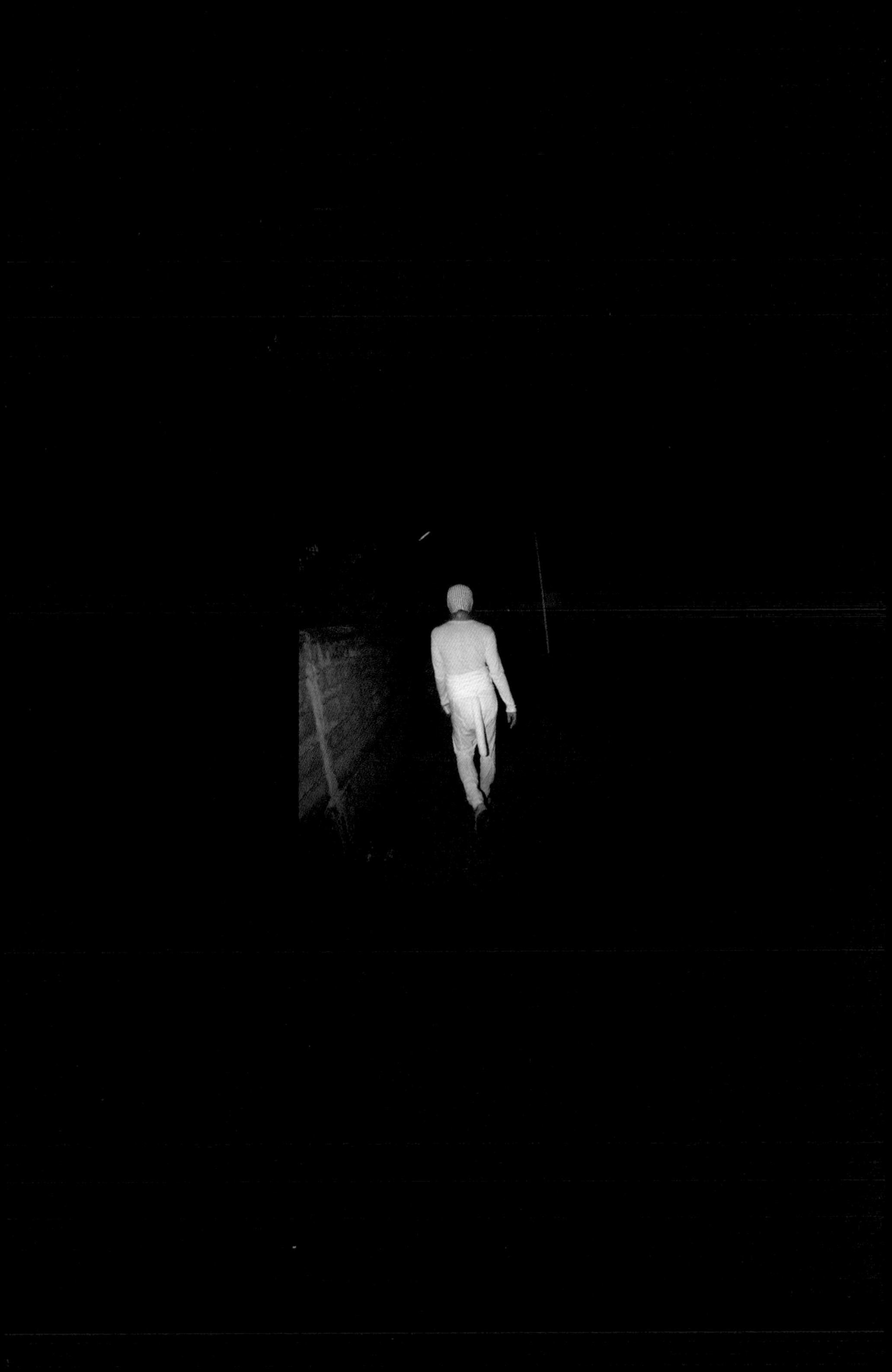

「あとの祭り、祭りのあと」

「物事が過ぎ去った後に悔やんでもどうにもならない」という意味で、『あとの祭り』という言葉があるのだったら、『祭りのあと』って言葉が意味するところがあっても良い気がした。

北海へそ祭りから始まり、姫島の盆踊りまで10近くの祭りを体験した最後の夜。今回の旅のスタッフとオレは、夏の旅もここで一段落ということで、簡単な旅の打ち上げを催した。
オレは、ここ6日間で5夜踊り続けたにも関わらず、祭りの高揚感からか、まだまだテンションは最高潮だった。
九州からフェリーでしか来ることのできない小さな島は、夜になると虫の鳴き声以外、何も音が聞こえないような夏らしい風情に包まれていた。そんな環境の中で、みんなで朝まで、今までの祭りの旅のエピソードを語り明かした。

北海道から九州まで、どこの地域にも祭り好きな人が点在し、どの人たちも鮮明な印象で、スタッフみんなの心の中に残っていた。
祭りの前までは、なかなか打ち解けてくれなかった祭りの団体の人たちも、祭りが終わる頃には、昔からの知り合いのようにココロを通わせてくれた。
『祭りのあと』って言えば、そんなハートフルな空気感に満ちた瞬間を思い出す。
『あとの祭り』は後悔の言葉だけど、『祭りのあと』は、楽しく前向きな言葉だ！

『祭りのあと』＝『好きなことを一緒にやることで心が通い合い、本当の仲間になる。その仲間たちの存在が、後々の自分の力の源になる』

姫島の祭りの後、今まで会った人たちの顔が次々に思い出され、その存在を思うと、なんだか力が湧いてきた。

「まだまだ旅は、終われない」
オレは、そう思って、秋までの予定だった日本で踊る旅をもう少し続けたいとスタッフに申し出てみた。
「もちろんアリ！」
スタッフからも快い言葉が、二つ返事で帰ってきた。
祭りの旅で、心強い仲間が実は自分の一番近くにできていることに気づき、嬉しくなった。
それは『祭りのあと』の夏の最後の夜のことだった。

北海道まりも祭り

DANCE EARTH - JAPAN

KUSHIRO HOKKAIDO

「踊りを踊れない旅」

9

THE TRIP OF BEING UNABLE TO DANCE

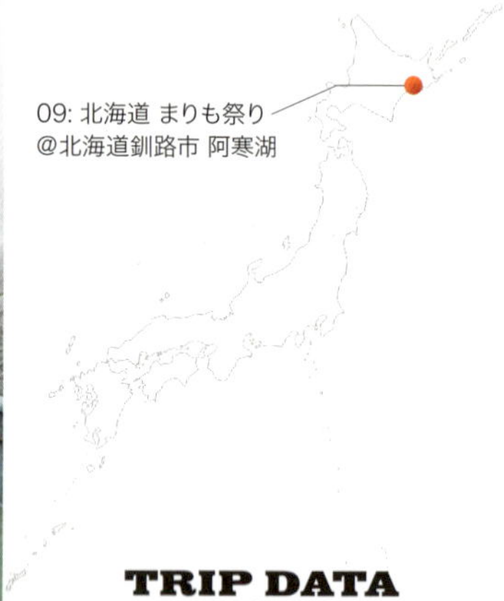

TRIP DATA
2013.10.8-10
KUSHIRO HOKKAIDO

「北海道 まりも祭り 踊れない祭りの旅の経験」

text by Shinichiro Okuda

北海道阿寒湖には、この土地に生息する球体の藻類『マリモ』が湖底で暮らしていることで知られている。
自然環境の変化によるマリモの減少やマリモの知名度が全国区になったことでの盗採からマリモを保護・保全する目的で昭和25年に始まったのが『まりも祭り』。これはアイヌ民族の新たな神事として『神々に許しを請うための儀式』として、現在まで受け継がれている。

自然の神々へ感謝の祈りが捧げられる『マリモを迎える儀式』に始まり、阿寒湖に丸木舟を浮かべ、エカシと呼ばれるアイヌの長老の手により湖水にマリモが還される『マリモを送る儀式』までの一連の作業が2日間かけて行なわれる。

「自然界の多くのものに心がある」という信仰を持つアイヌの人たちの大自然への敬意を表した数々の踊りを踊りこなしたいと思い、阿寒湖の旅を決意したUSA。
2日間の1夜目に行われる、アイヌの人たちがそれぞれの土地で受け継ぐ古式舞踊を一斉に披露する場に参加し、伝統の踊りの数々を一緒に踊るつもりでこの祭りに足を運んでいた。
しかし、EXILEのツアーと祭りの旅のオーバーワークにより足首を傷めたため、今回USAは、まりも祭りのセレモニーのみへの参加となった。

アイヌのおばあちゃんに
「イランカラプテ」
と挨拶をされた。

これは、アイヌの人たちの
「こんにちは」のご挨拶。

とても優しくおばあちゃんの口から発せられたその言葉で、
何だかココロがほんわり温かくなった。

この言葉には、
「あなたのココロに、そっと触れさせて頂きます」
という思いが込められているらしい。

この一言だけで、アイヌの人たちの優しさが伝わってきた。

マリモってちっちゃい地球みたい！
もしかしたら、地球もひとつの生命体なのかも知れない。
だとしたら、僕らは地球の細胞みたいなもの。

幸せのダンスを踊れば、地球もきっと喜ぶ!?

折れない剣……
それは、オレのココロに宿る
強い気持ちのコト。

DANCE EARTH - JAPAN
09 KUSHIRO HOKKAIDO
2013.10.8-10

「北海道の旅を終えて」

text by Shinichiro Okuda

USAにとって初めての阿寒湖訪問。
そして、この地に住むアイヌの人たちと初めて交流したUSA。
何よりもまず感じたのは、アイヌの人たちの優しさだったのではないだろうか。

今回EXILEとしての活動とDANCE EARTHの強行軍の旅で、右足首が悲鳴を上げて、踊ることにドクターストップがかかってしまった。踊りを踊れないことを残念に思い、そして自分が踊るための受け入れ準備を入念にしてくれていたアイヌの方々にUSAはとても申し訳ないと思っていた。

ただ、現地に行ってアイヌの人たちに会ってみると、終始、「今回は踊らない方がいい。足が早く治るように大事にした方がいい」とUSAの身体のことを最優先に気遣ってくれていることを感じた。
歴史的にも様々な経験をしているであろうアイヌの人たち。にじみ出る優しさは、アイヌの挨拶「イランカラプテ」にも表れている。

「イランカラプテ=あなたの心にそっと触れさせて頂きます」
アイヌの人たちは、常に相手のことを考えながらコミュニケーションをしようと考えていることがこの挨拶からもうかがえた。

自然界ほとんどのものに神様が宿ると考えているアイヌの人たち。
その伝統的な踊りである古式舞踊はどれも、自然を愛し、それを敬う気持ちに満ちたものだった。そして印象的だったのは、その節回し。独特の喉の使い方から発声されるその声により、単調なリズムでも微妙な抑揚が加えられるのだ。同じリズムで繰り返されるその節回しを聞いていると、伝統舞踊の不思議な世界観に引き込まれていく。
USAはこの節回しに魔法をかけられたかのように何度となく言った。
「絶対！　もう一度阿寒湖に戻ってきて、みんなと踊るんだ！」
USAの冬に向けた決意が一層固まっていった瞬間だった。

DANCE EARTH - JAPAN

ISE MIE

「魂で踊る旅」

10

伊勢神宮奉祝祭

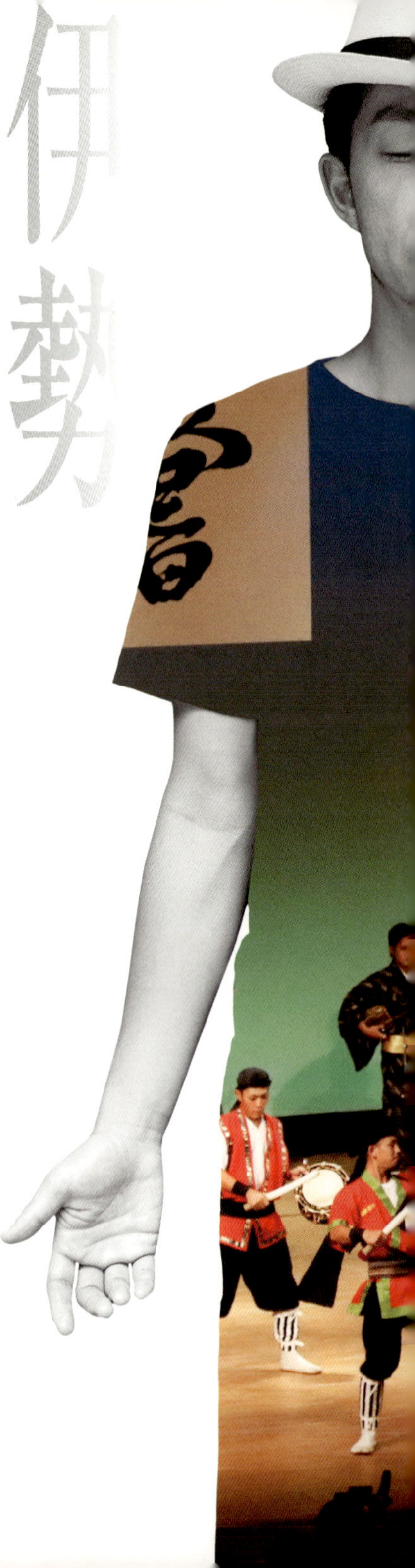

JOURNEY
OF
DANCING
WITH
SOUL

TRIP DATA
2013.10.15
ISE MIE

「伊勢 神嘗奉祝祭《かんなめほうしゅくさい》 祭りのまつり」

text by Shinichiro Okuda

関東・東海と関西の境目に位置する紀伊半島。
その東側に位置する三重県伊勢市。
この地には、日本で最高の聖地として知られる伊勢神宮が存在する。

神宮の式年遷宮でもあった2013年、その年の最もめでたい日を祝うために、全国から数十の祭りの踊りが集まるという『祭りのまつり＝神嘗奉祝祭』があるとの情報をキャッチしたUSA。
毎年この行事に参加している阿波おどりの踊り手の友人から全国の祭りの踊りが集う『祭りのまつり』というココロ踊るタイトルを聞いた瞬間に、伊勢に急行することを決意したのだった。

USAは、神嘗奉祝祭の中で行なわれる全国の踊りが一堂に会する『総踊り』に個人として参加しようとしたが、祭りの旅が始まって以来の悪天候に見舞われ、総踊りは中止に！
しかし、USAは伊勢の地で奇妙な縁を感じ始めるのであった……

日本一の聖地、伊勢神宮。

この土地だから起きる奇妙な縁の連続。
あいにくの雨は、太陽の神様が隠れてしまったから？
天の岩戸伝説の再来？

木曽

古い神話を読み解いてみる。

昔々、太陽の神様が機嫌を損ねて、岩戸の中に隠れて、世界が闇に包まれてしまった時、全国の神様が集まって、「どうしたら、太陽の神様が再び外に出てきてくれるだろうか」と相談したそうだ。

そして、出した結論は……
「踊りを踊って、気を惹こう！」だって!!

なんだ！　神様ってダンス好きだったんだ！

ダンスで、
言葉の違いや距離の壁を
超えられることを知った。

でも今は、
ダンスで時空も超えていけると
信じている。

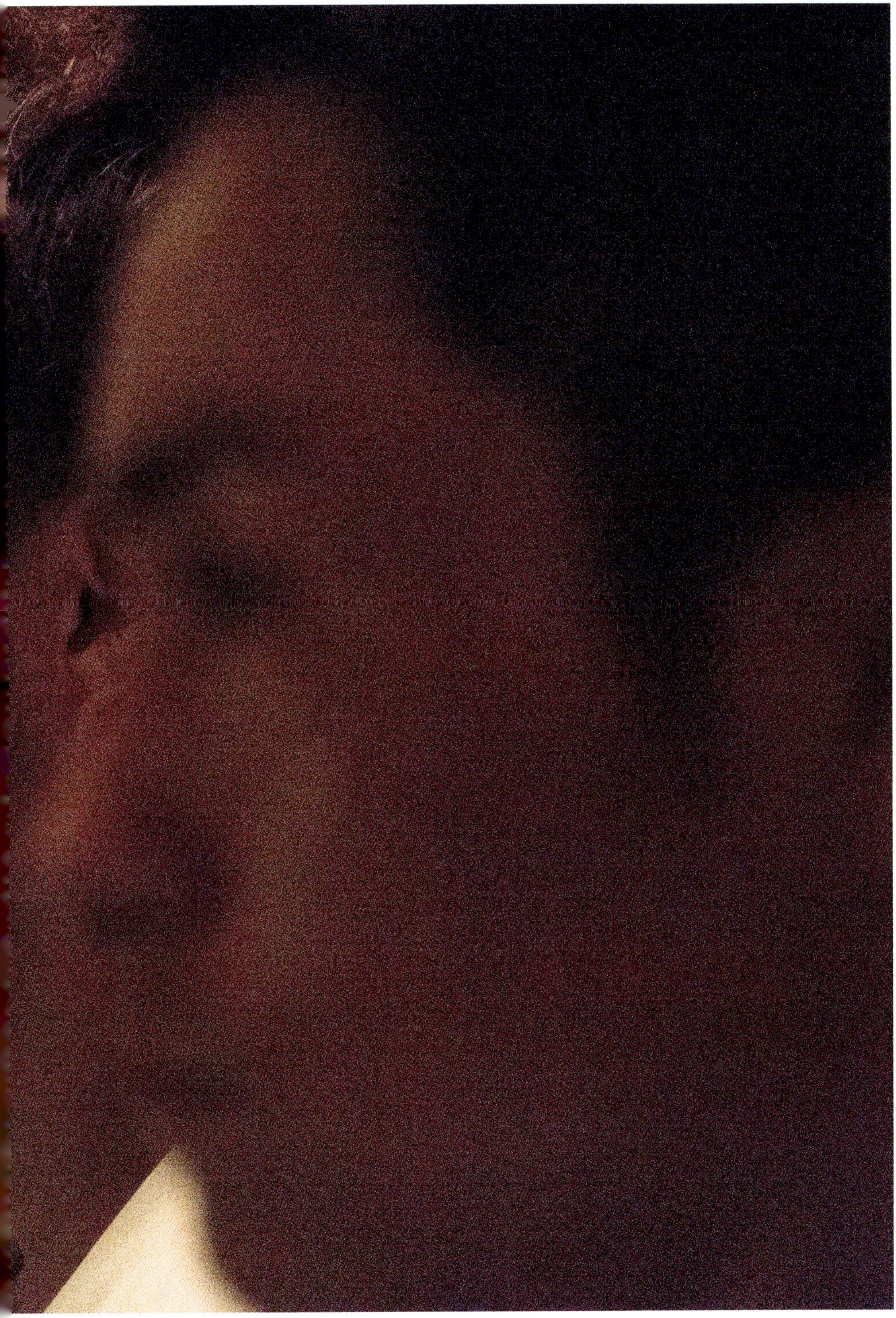

伊勢神宮の後で訪れた『猿田彦神社』。
『みちひらき』の神様、猿田彦大神が祀られている神社だ。

出雲で、音曲の神様の前で踊った、この旅の始まり。
最後に出会った神様は、みちひらきの神。

音曲の神様に導かれるままに続けた祭りの道のり、
最後に現れたみちひらきの神は、
新たな踊りへの道を照らしてくれているのか……

奉献

ケガをして踊れない時に気づいた。
当たり前に踊れることが、とても幸せだということを。
幸せはすでに持っている。それを感じられるかが大切。
踊りがオレを導き、オレが新たな踊りの世界を生み出していく。
そこには、踊ることでしか辿り着けない道がきっとあるんだ。

DANCE EARTH - JAPAN
10 **ISE MIE**
2013.10.15

「伊勢の地での奇妙な御縁」 text by Shinichiro Okuda

出雲大社同様、式年遷宮という特別な年であった2013年の伊勢神宮。
遷宮の年の祭りは『大神嘗祭』とも呼ばれ、盛大なものとなる。
盛大な祭りの年の『総踊り』に参加しようと伊勢の地を訪問したUSAであったが、生憎の大雨に見舞われた。
自分がこれまで参加した祭りもいくつか含む数十の踊り手と一緒に踊ることを楽しみにしていたUSAもさすがに残念だったようだが、集まったお祭りの数々を鑑賞するうちに、新たな『日本で踊る旅』を思い描く旅になったようだ。

そんな中、この伊勢の旅には、夏の旅以来の参加となるEXILE TETSUYAも加わっていた。
そんな経緯もあって、TETSUYAが懇意にしている伊勢神宮そばの神社『猿田彦神社』でダンス奉納をするチャンスを頂いていたのだった。
USAにとっては、この旅の始まりに、出雲の『美保神社』で行なったダンス奉納以来の神社本殿でのダンス。
本人も書いているように、「音曲の神様に導かれるままに続けた旅で、日本のココロや踊りの本質に近づき、その旅の最後にまた、道を開く神様に出会った」。この日本で踊る旅は、ダンスアースを進化させる旅そのものだったのかも知れない……。ニッポンのココロを知り、そしてEXILEのUSAとしての新たなダンスパフォーマンスの追求へと向かわせる旅。

世界中のリズムとビートを乗りこなし、日本のココロを訪ね、その土地の踊りを踊った。世界中の踊りを身体の中に染み込ませた彼が、この先どんなダンスパフォーマンスを見せるのか？　ファン以上に、周りのスタッフがワクワクさせられる活動。それがダンスアースなんだ！
そんなことを、猿田彦神社でのダンス奉納を見ながら、思ったのであった。

伊勢の訪問は、すべてが不思議な御縁に思えた。
天照大神（太陽の神様）が岩戸に隠れ、世界が暗闇に覆われた時に、それをダンスで救ったと言われる天宇受売命が猿田彦神社の境内に祀られていたり、その神社を訪ねた時は、奇しくも、あいにく雨模様で太陽が隠れていたり。雨空でさえ、ここに導かれるための必然のように思えてきた。
2度のダンス奉納を経て、ダンスアースは新たなステージへと旅立つ。
そんな気配を見せ始めている。

DANCE EARTH - JAPAN

SENBOKU AKITA

「日本版ファイアーダンスを踊る旅」

11

秋田 火振りかまくら

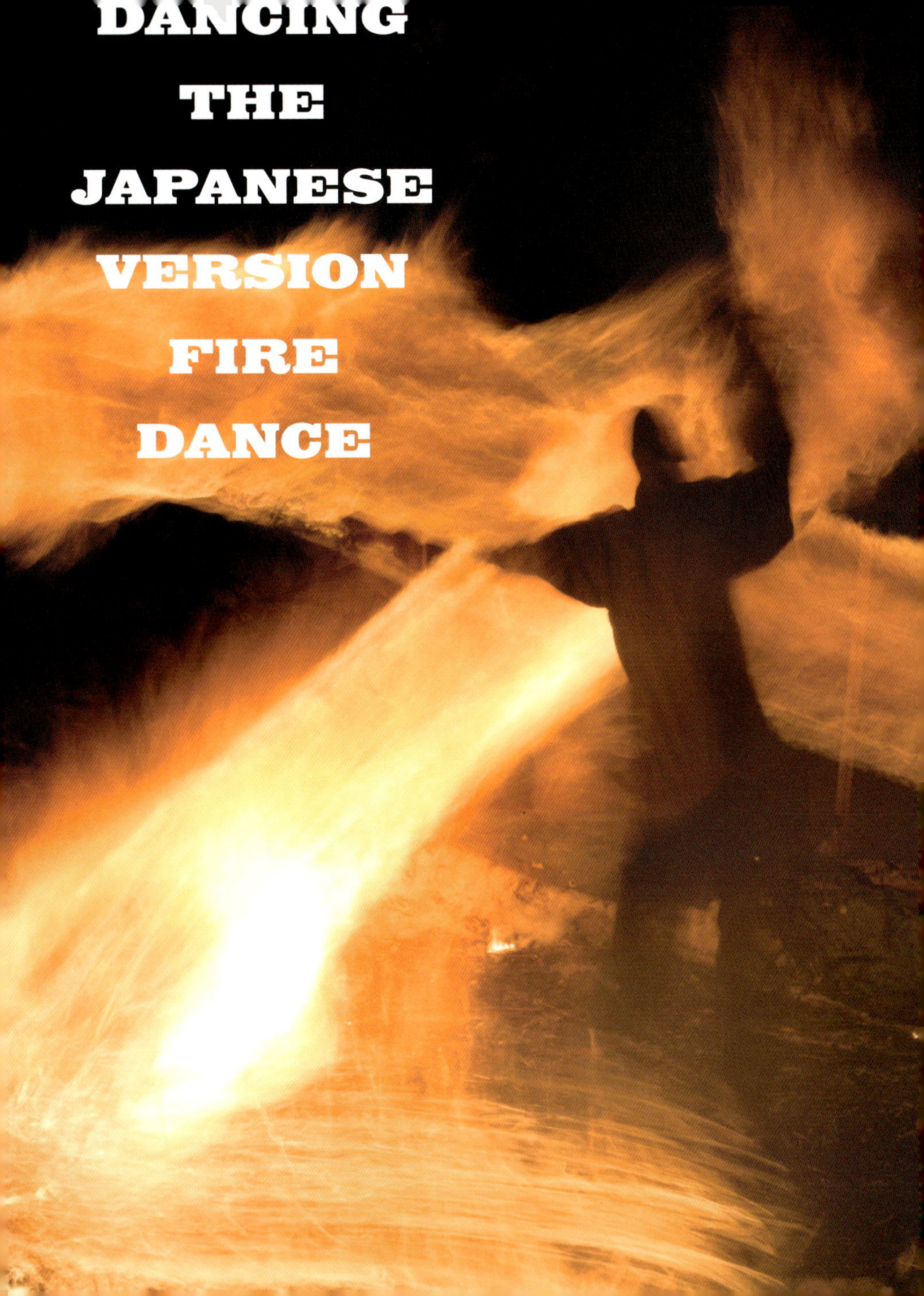
DANCING
THE
JAPANESE
VERSION
FIRE
DANCE

TRIP DATA
2014.2.14-15
SENBOKU AKITA

「秋田　火振りかまくら　日本版ファイアーダンスを盛り上げる！」

text by Shinichiro Okuda

秋田県角館地域で伝承されている無病息災を祈るお祭り『火振りかまくら』。
このお祭りは、炭俵に1メートル程の長い縄を付けて、かまどからその炭俵に火を点けて、自分の身体の周りでグルグルと振り回す儀式を繰り返す。
大きな火の付いた俵が回転する様子は、海外のファイアーダンスを彷彿とさせる。
USAは、この火振りの様子を無料の動画サイトで発見した時に、直感的に「これは日本版のファイアーダンスなんじゃないか！」と思い、ダンスアース史上初となる雪景色の踊りの旅を決意した。

2日間にわたって行なわれる火振りかまくら。1日目は、一般の観光客も体験できる体験イベント的な火振りかまくら。2日目は、昔から34の地域それぞれで行なわれる、地域のお祭りとしての火振りかまくら。
今回USAが参加したのは、2日目の行事。各地域で行なわれるこじんまりとはしているが、年に一度の地元の集まりとして代々続けられている火振りかまくらだ。
USAが訪問した山根町という地域の火振りは、町の外れのちょっとした高台にある小さな場所で行われていた。

『誇り』を持って受け継いできた
MATSURI PRIDE《祭りプライド》
が日本中にある。

冷たく白い世界で、
アツく踊る人たちと回る火の輪。

冬が創り出す最高のコラボレーション！

この祭りのために、
老人クラブの皆さんが炭俵を 5,000 個も作ってくれるんだって！
スゲー!!

おじいさん、おばあさん、
感謝して踊ります。

自分たちが大切にしているものを、
他所の人々に観てもらって、
さらには、一緒に楽しんでもらう。

それって最高のおもてなしだよね。

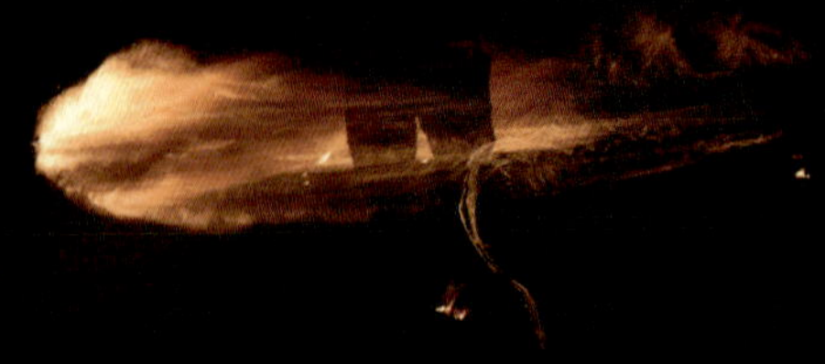

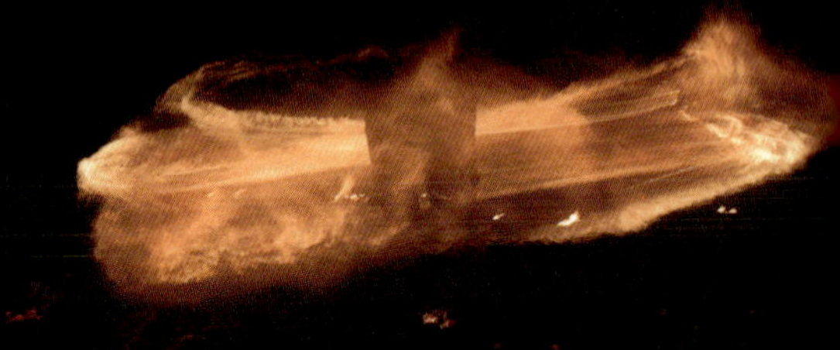

人のココロに火を灯す。
それが日本のファイアーダンス。

火振りかまくらに太鼓が緊急参戦！
太鼓に合わせて、合いの手が入る！

音楽とは、音が入って楽しいと書く。
音楽で、祭りはもっと楽しくなれる！

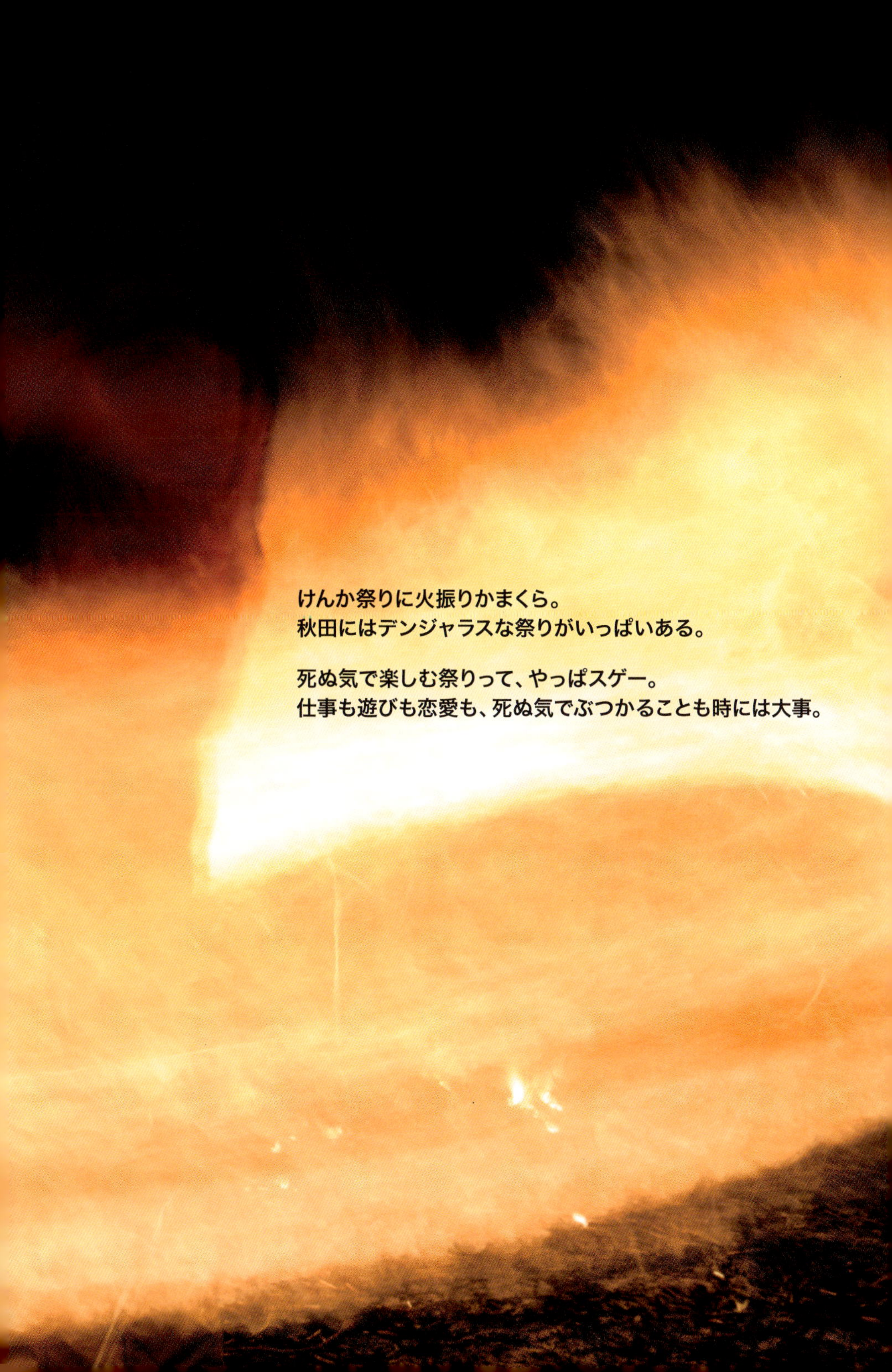

けんか祭りに火振りかまくら。
秋田にはデンジャラスな祭りがいっぱいある。

死ぬ気で楽しむ祭りって、やっぱスゲー。
仕事も遊びも恋愛も、死ぬ気でぶつかることも時には大事。

祭りが終わった瞬間から、
もう来年の祭りのことを話しながら飲んでいる！

「次の祭りまで、あと364日だね」……だって。

最高！　毎日が祭りだ!!

元気でいることを願う。
たくさんの実りがあることを願う。
自然が大暴れしないことを願う。

いろんな願いを叶える祭りもいいけど、
夢を叶えるための祭りがあってもいい。

水神様

DANCE EARTH - JAPAN
11 SENBOKU AKITA
2014.2.14-15

「火振りかまくら 冬の夜のアツい祭りの一日」

text by Shinichiro Okuda

夏の祭りの旅が終わる頃、USAは、しきりに冬の祭りの旅の話をするようになった。
その理由は、主に2つ。
ひとつは、夏の祭りの旅で出会った人、体感した想いや踊りが自分の力の源になっていると感じたのだろう。この日本で踊る旅は、とにかく続けていきたい！ そういう想い。そして、もうひとつは、日本の四季の美しさを今回の日本で踊る旅の中で伝えていきたいという想い。
ダンスアース史上初めてとなる雪景色の旅。USAの想像通り、風景を通して日本のココロが、そこはかとなく感じられる旅になったと思う。

今回の火振りかまくら。大きな炭俵が冬の冷気を切るようにブォンブォンと回される様子は、日本版のファイアーダンスの名にふさわしいと思った。
熱帯地方で行なわれることが多い海外のファイアーダンス。それに比べると日本のファイアーダンスは、明らかに趣きがあり、日本情緒に溢れている。その主な理由は、やはり冬景色の中で煌煌と輝く炎に包まれた炭俵が舞うという、その全体的な情景が日本人のDNAを激しく揺さぶるからであろう。
そして、最も重要なのは、ファイアーダンスが踊られる意味なのではないだろうか。
海外のファイアーダンスは、主に武器に火を点けて、それをうまく操ること自体を目的にしている。それに対して、日本では、魔除けであり、神への儀式であり、そして何よりその儀式自体が人の集まる理由になっているんだと思った。
東北の冬は寒い。ともすると寒さに負けて、他の人たちとの交流から足が遠のき、人と接しないまま時が過ぎていくことさえあるだろう。
そんなことにならないように、町には祭りがある。火振りかまくらの炎は、町に火を灯すためのきっかけになる。そんな想いからUSAはこんなことを言っていた。
「冬に火が用いられる祭りの必然。冬だから祭りがある必然。その土地の祭りには、それぞれの存在すべき理由がある」
なるほど。
そして、さらにこんなことも言っていた。
「地方の祭りが衰退していくという話を時々聞くけど、それって都会の人や現代の人たちにとって、健康を祈ったり、豊作を祈ったり、そういう願いを込めて祈らなきゃいけないっていう感覚が日々の生活からは感じられないから、祭りの必要性や必然を感じられなくなっているんだろうね」
なるほど、なかなか的を射たご意見。
……と、突然
「オレ、祭りを作りたい！」
ん、ん??
「だから、オレ、新しい意味を持った祭りを作りたいんだよね」
それってどんな祭り？　そう聞き返すと、即答で言った。
「夢を叶える祭り！」
何ともステキな響きのある祭りだ。
USAは最後の最後で、また新たな旅の道のりを描き始めたようだ！

氷上フェスティバル

DANCE EARTH - JAPAN

KUSHIRO HOKKAIDO

「日本で踊る最後の旅」

12

THE LAST TRIP OF DANCING IN JAPAN

12: 北海道 氷上フェスティバル
@北海道釧路市 阿寒湖

TRIP DATA
2014.2.22-23
KUSHIRO HOKKAIDO

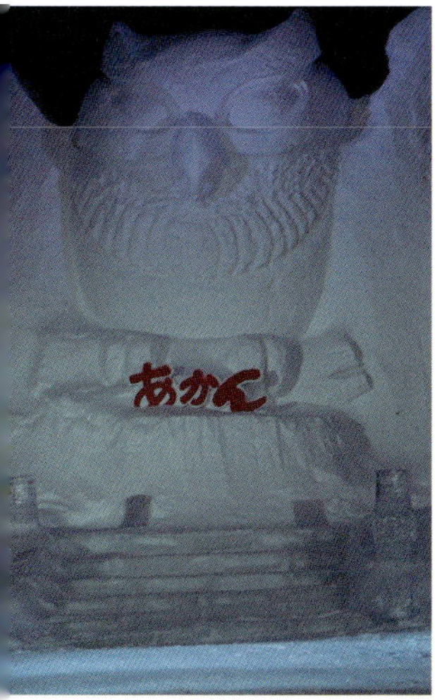

「北海道 氷上フェスティバル 踊りの旅の最終地点」

text by Shinichiro Okuda

『まりも祭り』で北海道阿寒湖を訪れてからおよそ4ヶ月が経とうとする頃、USAに阿寒湖を再訪するタイミングが到来した。
2014年2月。冬真っ最中の阿寒湖。
湖面は一面、分厚い氷に覆われて、その上には氷でできた滑り台ゾーンがあったり、飲み物が提供されるアイスバーがあったりと、冬限定のエンターテインメントゾーンが出現する！
そのゾーンでも一際目立つのが、大きな氷にフクロウが型取られた氷製のステージ。
今回USAは、氷上フェスティバルというイベントの中で、この屋外ステージに上り、アイヌの古式舞踊『剣の舞』を踊るチャンスを得たのであった。

自然界のほとんどものに心があるという信仰を持つアイヌの人たちの『大自然への敬意』を表した数々の踊りを踊りこなしたいと思い、阿寒湖の旅を決意したUSA。
昨年のまりも祭りで踊れなかった『剣の舞』を、氷の舞台でアツく踊れるか!?

人の心を癒す
肌の色や言葉
人と人を結ぶ
自分自身の
強さを表す
誰かを
元気づける

祈る
宗教 国境を超える
自分の美しさを表現する
病に立ち向かう
踊りって素晴らしい。

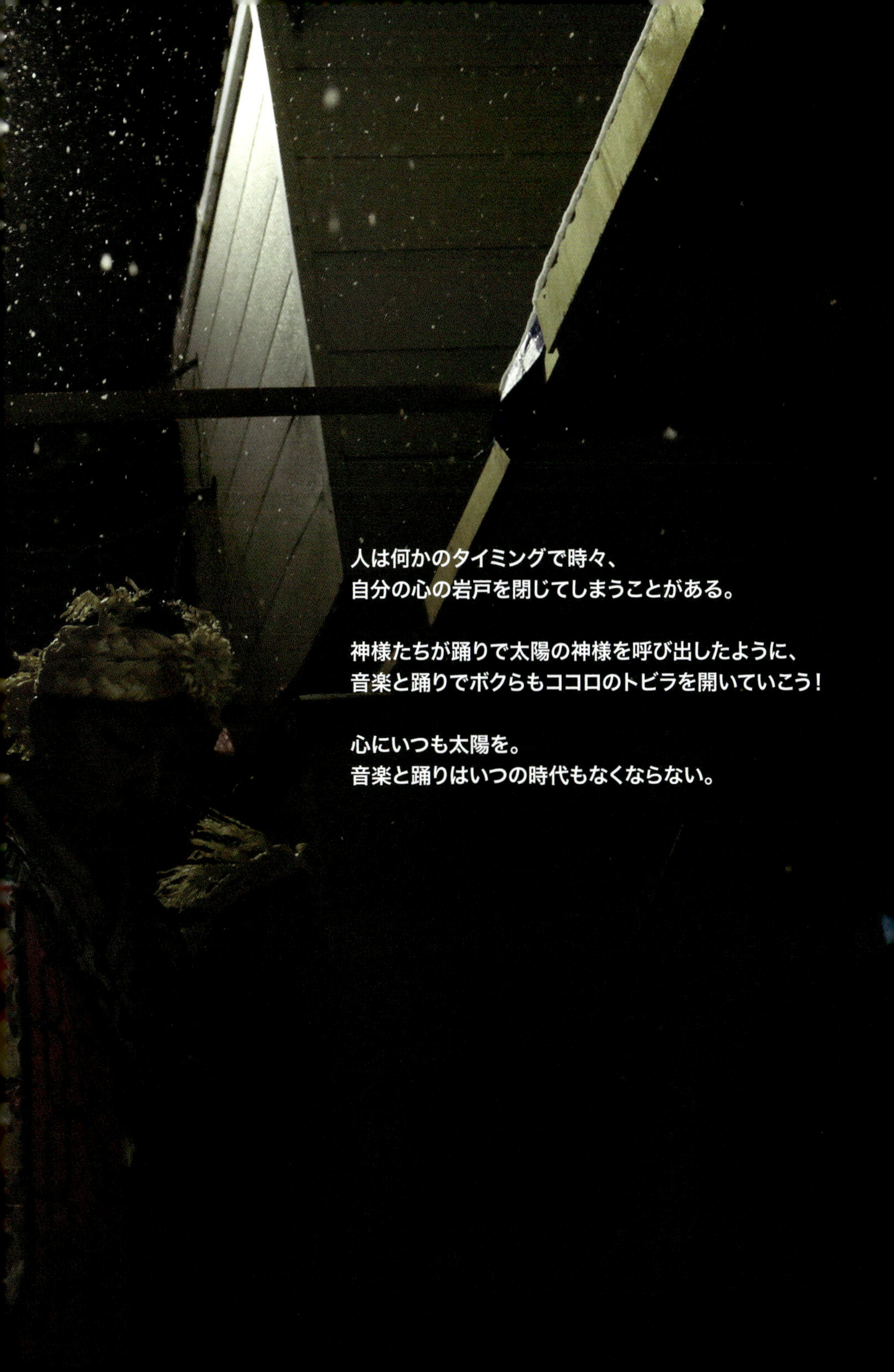

人は何かのタイミングで時々、
自分の心の岩戸を閉じてしまうことがある。

神様たちが踊りで太陽の神様を呼び出したように、
音楽と踊りでボクらもココロのトビラを開いていこう！

心にいつも太陽を。
音楽と踊りはいつの時代もなくならない。

自然への敬愛を称えた
アイヌの古式舞踊。

自然を愛する彼らの踊りは、
踊りそのものも愛するやさしさに
溢れている。

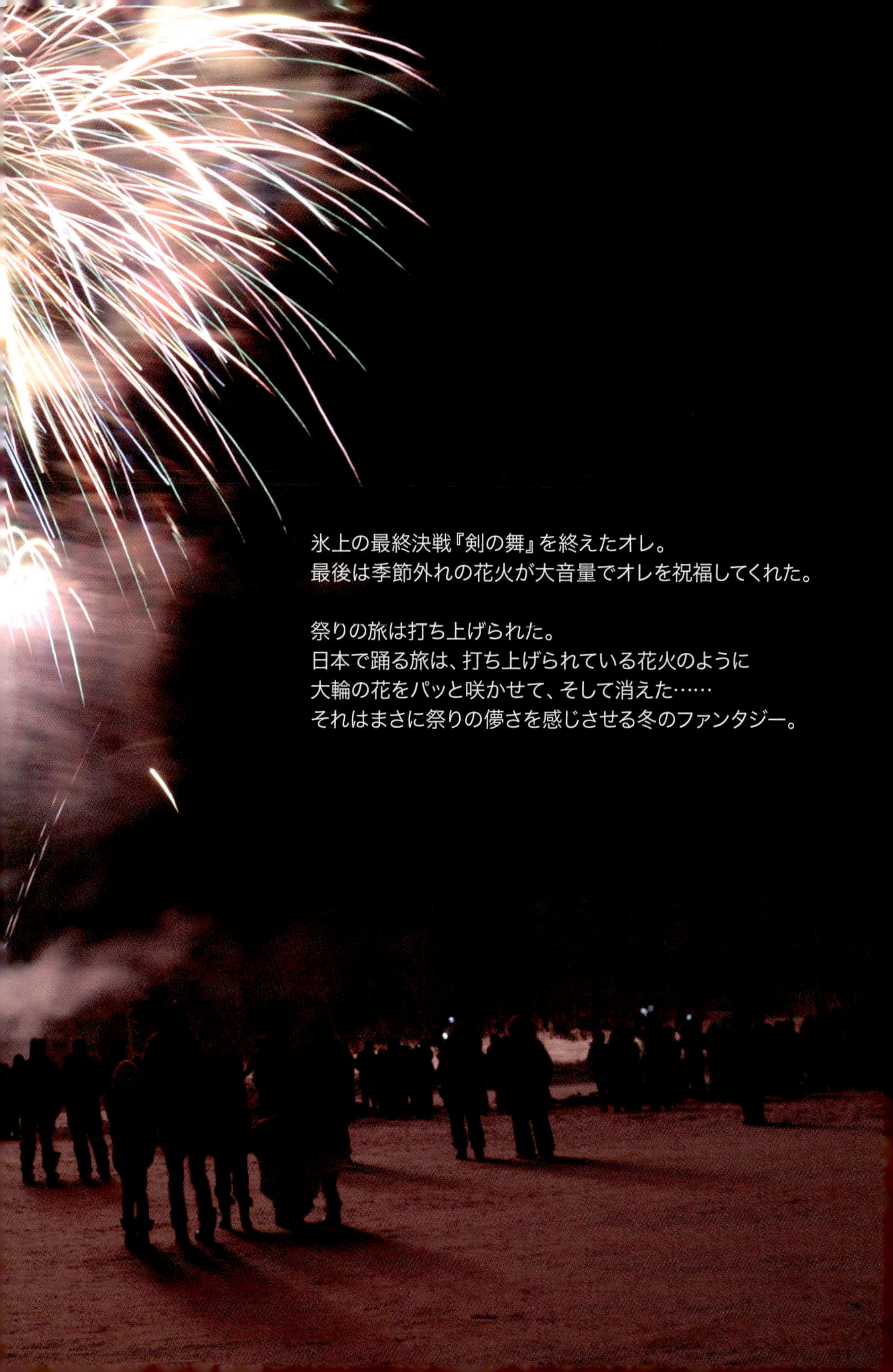

氷上の最終決戦『剣の舞』を終えたオレ。
最後は季節外れの花火が大音量でオレを祝福してくれた。

祭りの旅は打ち上げられた。
日本で踊る旅は、打ち上げられている花火のように
大輪の花をパッと咲かせて、そして消えた……
それはまさに祭りの儚さを感じさせる冬のファンタジー。

冬だけに現れる湖の上のアイスBAR。

冬の一瞬だけ現れる幻の建造物は、
冷えたココロだって温めてくれる。

こんなところでダンスパーティーできたら、いいなー。
誰でもムーンウォークできちゃう!?

KTZ

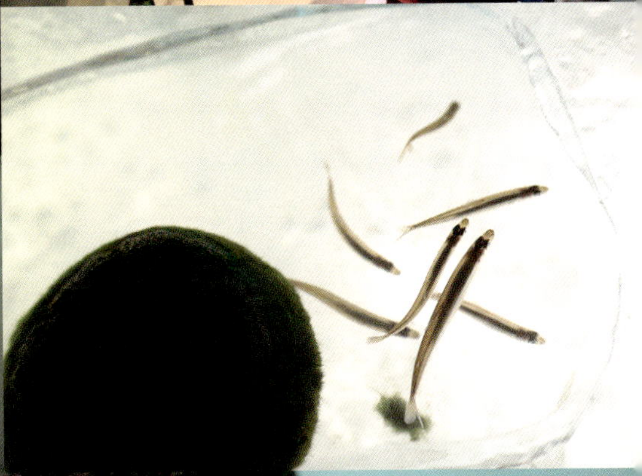

アイヌの毛むくじゃらのオジさん（デボさん）
「オレもダンスが大好きでさ」
って言われた時、新鮮な感動に包まれた。

誰もが愛するダンスという行為は
この地球をひと繋ぎにする
唯一の方法論だ！

この海は誰のもの？
この大地は誰のもの？
この空は誰のもの？

支配したり奪い合ったりするのではなく、
この惑星の生きとし生けるものすべての幸せを願う。
そんな気持ちで踊れたら、どんなに素晴らしいだろう。

オレのダンスはイケてるの？
ダンスの神様が、ダンス王を一人選ぶとしたら??
ダンスがめちゃめちゃ上手なヤツがダンス王？
それもあるけど、そんなことだけじゃない。

ダンスのスキルを超えた戦い。

それは、
誰が、この世界の人たちと一番自由に楽しく踊ったか。
それができたヤツが真のダンス王になれるオトコだ。

この人生、オレはこのダンスでしか辿り着けないところまで行ってみたい。

踊りがエンターテインメントなら、
日常に踊りが溢れているオレは毎日がエンターテインメント。

日本は祭りが、踊りが、溢れている……
踊りでニッポンをステキな国に変えていこう！

DANCE EARTH - JAPAN
12 KUSHIRO HOKKAIDO
2014.2.22-23

「阿寒の旅を終えて」

text by Shinichiro Okuda

冬の阿寒湖で迎えた祭りの旅のフィナーレ。最後の舞台は阿寒湖上に冬の数ヶ月間だけ現れる氷製のステージでのアイヌ古式舞踊。すっかり日の落ちた闇夜に浮かび上がる氷上ステージで『剣の舞』を踊ってみせた。

剣の舞は男性ふたりのユニットで踊る踊りで、アイヌの女性の独特な節回しに合わせて、ふたりの男が円を描きながら、アイヌの刀剣を徐々に抜いていき、最後には勇ましくそれを振り、刃を交わしていくという魔払いの意味合いが込められた男踊りである。単調ではあるが、独特の中腰の姿勢で剣を振りかざす様子は、普段USAが踏んだことのない重厚感のあるステップだ。
USAはこのステージに上がる前、アイヌの人たちによる短時間の特訓とも言える剣の舞の練習タイムに入った。練習が始まり10分もすると、USAの額からは球の汗がしたたり始めた。
ステップはゆったりしているが、中腰からなめらかに身体を上下させる独特の動きは、初めての人間にとっては、かなりハードなトレーニングとなる！
ダンスを教えるアイヌ舞踊の先生は、USAがなめらかな動きができるようになるまで、何度も同じ動作を繰り返させる。
EXILEだからなどの容赦はなく、ひとりのアイヌ舞踊家としてステージに上がるUSAのために精神と踊りを注入されたのであった。

地元の人や阿寒湖を訪れていた観光客が見守る中、アイヌの方に呼び込まれて、USAが氷上ステージに現れる。USAが今日のステージに登場することは、会場の人たちには、全く伝えられていない。だから、その場に居合わせた人たちの間では、ちょっとした歓喜と驚きに包まれた。
アイヌの衣装に身を包んだUSAがステージに立つと、やがて女性の節回しがゆっくりと始まった。
USAもその節に合わせてココロ踊るままに身体を揺らし始める！
節回しも徐々に盛り上がり、踊りも中盤になるといよいよUSAの集中力もマックスゾーンに突入し、一心不乱に踊っていることがわかる。つい数時間前までは、その独特の姿勢で踊る剣の舞に苦戦していたUSAだが、舞台に上がるとさすがプロフェッショナル！ 熟練した古式舞踊家のように佇まいが堂に入っている。
舞台では、舞踊の先生も驚愕のクオリティで剣の舞を踊ってみせたのだ！

氷上フェスティバルでは、フィナーレに湖の奥の方から大きな打ち上げ花火が打ち上げられた。USAも観客みんなが湖の奥の花火に夢中になっている間を見計らって、暗闇に包まれた氷上ステージに上がり、打ち上げ花火を楽しんだ。
夏にはうまく出くわさなかった打ち上げ花火。冬の最後のフィナーレに、初めて花火をゆっくり堪能することができた。
それはまるで、USAのこの1年間の旅を盛大に祝福しているように僕らには感じられたのであった。

『旅の終わりに』

僕らの国は踊る国？

踊る国ニッポンで、オレは全国各地のみんなと一番自由に、そして楽しく踊れたのだろうか？
その答えは、自分ではまだ、わからない。

去年から1年かけて日本の祭りを回ってみたけど、踊れば踊るほど、もっと日本を旅したくなった。もっともっと祭りを愛し、踊りを愛する人たちと出会えるんじゃないかという期待感が膨れ上がった。

ニッポンが本当に好きになった。
日本というこの国が、ということではなく、日本にいるすべての人たちと仲良くなれそうだ、というそんな感覚だ。

日本をこの目で見て、改めて思う。
日本はどこも同じでどこも違う。
だから、時にわかりにくく、時に激しくわかり合える。
そんな人たちの集まるこの日本は、素晴らしい。

誰かから植え付けられた愛国心ではなく、今回の旅で日本の祭・踊り・自然・食・人々に出会い、心の底から日本って最高だなって思えた。
みんなと仲良しだから、そんな日本が好き。
それが僕なりの愛国心なんだと思う。

大好きな日本をもっと世界で知ってもらいたい。
今回たくさんの楽しい祭りに参加したから、それを紹介するのも悪くない。
でも、僕は、やっぱり自分たちの祭り・踊りを作りたいと本気で思った。
僕の踊りでできる精一杯を、そして僕の踊りにしかできないひとつの「愛」のカタチを。

また新たな夢が生まれた。
踊る旅は果てしなく続いてゆく。

宇佐美吉啓（EXILE USA）

Profile

文：宇佐美吉啓（EXILE USA） Yoshihiro Usami

2001年「EXILE」のPerformerとして、「Your eyes only ～曖昧な僕の輪郭～」でデビュー。
Performer以外にも、2006年6月、舞台「The面接」に出演、劇団EXILEでは2007年の「太陽に灼かれて」、2008年の「CROWN」に出演するなど、役者としても活躍。
2009年「北の国から」の杉田成道氏 演出・芥川賞作家 唐十郎氏作品 舞台「蛇姫様-わが心の奈蛇-」にて初単独主演をつとめた。
さらに、本場NYのダンサーの実力にも劣らない独特のダンスセンスを持つUSAは、日々"DANCEのROOTS"を追求。
2008年より「ダンスは世界共通言語」をテーマに、DANCE EARTHの活動を開始し、書籍、絵本、映像作品、音楽ユニットを結成するなど様々な形で自身の想いを発表している。
2013年からはグローバル ダンス エンターテインメントとして新たなステージ表現を開始し、「DANCE EARTH ～生命の鼓動～」「Changes」では出演以外にも、企画プロデュースを務める。
NHK Eテレで放送中の子どもたちにダンスを楽しくわかりやすく教える番組「Eダンスアカデミー」では主任講師を務めている。

DANCE EARTH HP　www.dance-earth.com

写真：藤代冥砂　Meisa Fujishiro

写真家・小説家・ヒーラー。1967年8月8日千葉県船橋市生まれ。明治大学商学部商学科卒。現在沖縄在住。03年講談社出版文化賞写真賞受賞。手がけた写真集は70冊以上に及ぶ。代表作として「ライドライドライド」「もう、家へ帰ろう」「肉」（以上写真集）「クレーターと巨乳」「ドライブ」（以上小説）などがある。また新たにWEBマガジン「THETHE」を2014年より手がけている。レイキ、チネイザン、トークセンを扱うヒーラーとしての顔もある。

official site　http://meisafujishiro.com/

Thanks

協力：株式会社LDH、株式会社LDH DE、株式会社文化工房、株式会社東京トリップ
【出　雲】出雲大社、鰐淵寺、神魂神社、八重垣神社、美保神社、龍御前神社、島根県立古代出雲歴史博物館、出雲阿国顕彰会、石見神楽面小林工房、境港大漁太鼓荒神会、島根県地域振興部しまね暮らし推進課、島根県西部県民センター、出雲市、護縁株式会社、映画監督 錦織良成
【富良野】北海へそ祭り実行委員会、北海へそ踊り保存会、富良野市役所経済部商工観光室商工観光課、ふらの青年塾、ハイランドふらの
【青　森】レストラン山崎、青森ねぶたに組
【高　知】上町よさこい鳴子連
【鳴　門】鳴門阿波おどり実行委員会、渦月連
【徳　島】一般社団法人徳島新聞社、阿呆連、清重
【岐　阜】郡上市商工観光部観光課、郡上おどり保存会
【姫　島】姫島村
【阿寒湖】NPO法人阿寒観光協会まちづくり推進機構、阿寒湖のアイヌの皆さま
【伊　勢】神宮司庁、猿田彦神社、神嘗祭奉祝委員会
【角　館】秋田県仙北市観光商工部、山根谷地町旭会

プロモーション：森雅貴、森博貴、関佳裕、井上鉄生、古村友宏、小林香（LDH Inc.）、戸口真吾（rhythm zone）
アーティストマネージメント：広川祐介、篠田和真、阿部匡朗、堀賢介（LDH Inc.）

Special Thanks

■EXILE、EXILE TRIBE
■木戸寛孝、磯尾克行、児浦美和、紀田彰一、三日市勝臣
■米野敦人、株式会社神戸屋呉服店、小笠原龍之介、光富梨津子、光富隆、奥田千尋、山本恵美、ダンケスタジオ、漁師の村さん、ルイズ美容院、藤垣聡、うどんや大黒、若山雅敏さんと姫島で警備をしてくださった方々、泉谷衆、角館の農家民宿さん、りゅうくん、山本正典、江戸っ子連、千絵、MASAH、岩間先生
■安齊民穂、長谷川直紀、宮松剛史、古賀正輝

日本で踊ろう！

DANCE EARTH JAPAN

DANCE EARTH-JAPAN
Words by Yoshihiro Usami / Photographs by Meisa Fujishiro

日本で踊ろう！
DANCE EARTH - JAPAN

2014年8月11日　初版発行

文：宇佐美吉啓 (EXILE USA)
写真：藤代冥砂

制作スタッフ
文：奥田慎一郎
デザイン：高橋実
編集・制作：滝本洋平

発行人：高橋歩

印刷・製本：中央精版印刷株式会社

発行・発売：株式会社 A-Works
東京都世田谷区玉川3-38-4
玉川グランドハイツ101　〒158-0094
URL：http://www.a-works.gr.jp/
E-MAIL：info@a-works.gr.jp

営業：株式会社サンクチュアリ・パブリッシング
東京都渋谷区千駄ヶ谷2-38-1　〒151-0051
TEL：03-5775-5192
FAX：03-5775-5193

PRINTED IN JAPAN
ISBNコードはカバーに表記しております。
落丁本、乱丁本は送料負担でお取り替えいたします。